JN441338

진짜 진짜
뻔뻔한
과학책

진짜진짜 뻔뻔한 과학책

뻔해서 다 안다고 착각할 뻔한 지구와 우주

이억주 글 | 뿜작가 그림
와이즈만 영재교육연구소 감수

바로잡을수록 더 재밌어지는 과학!

어릴 때부터 과학을 좋아해서 물리학을 전공했어요. 공부를 하던 중, 이론과 실험 중에서 하나를 선택해야 했어요. 기계 다루는 일보다는 생각하는 것을 좋아해서 이론을 택했어요.

공부를 마친 후에는 글 쓰는 일을 좋아해서 어린이 과학 잡지 기자가 되었어요. 취재와 인터뷰를 하면서 지구와 우주에 대해 잘못 알고 있는 것이 많다는 걸 알게 되었어요. 여름이 덥고 겨울이 추운 이유는 태양이 가깝고 멀기 때문이고, 화석은 돌로 변하는 것이고, 유리가 광물인 줄 알았거든요.

어린이 과학 잡지 기자가 잘못 알고 기사를 쓰면 '어린이 독자가 잘못된 지식을 얻게 되겠구나'하는 생각이 들었어요. 그때부터 잘못 알고 있는 지식을 바로잡기 시작했어요. 함께 일하는 기자들이 잘못 알고 있는 지식까지도 조사했어요.

이렇게 해서 나온 책이 『진짜 진짜 뻔뻔한 과학책』이에요.

너무 뻔해서 다 알고 있다고 생각해도 알고 보면 모르는 것들이 많아요. 이런 생각은 나이가 들어서도 쉽게 바뀌지 않아서 평생 잘못 알고 살아갈 수도 있어요. 잘못 아는 건 결코 창피한 게 아니에요. 이 책을 통해 바로잡으면 되니까요. 그 과정에서 재미도 느낄 수 있어요.

이 책을 읽다 보면 여러분도 '나도 잘못 알고 있었네! 시험에 나왔다면 틀릴 뻔했어.'라고 생각하는 이야기가 있을 거예요. 이 책을 읽고 나서는 '앞으로는 틀리지 않겠네!'라는 생각이 들면 좋겠어요.

새로운 지식을 쌓아 가는 것도 즐거운 일이지만, 오랫동안 잘못 알고 있었던 지식을 바로잡는 것은 더 큰 즐거움이거든요. 잘못 알고 있는 지식이 있다면 이 책을 통해 바로잡아 보세요. 친구들, 가족들과 함께 각자 의견을 내면서 보는 것도 재미있을 거예요.

이억주

주인공을 소개할게

정리해

주변에서 똑똑하고 진지하다는 소리를 많이 듣고 있어. 특히 친구나 가족들이 잘못 알고 있는 것을 바로잡아 줄 때 즐거움을 느껴. 그런데 형을 뛰어넘지는 못해. 나도 아주 가끔 잘못 알고 있는 것을 형에게 말했다가 창피를 당한 적이 있거든.

정리완

리해가 말한 형이 바로 나야! 처음부터 제대로 공부하면 잘못 알고 있을 리가 없잖아. 그래도 잘못 알고 있는 것이 있다면 내가 제대로 알려 줄게.

리해 엄마, 아빠

남들은 아들 둘 키우기 어렵다고 하지만, 우리 애들은 공부도 잘하고 친구도 많아서 신경 쓸 일이 없어. 오히려 우리가 몰랐던 걸 아이들에게 배울 정도야. 그래도 리완이와 리해가 지식 앞에서는 조금 겸손했으면 해.

과학쌤

아이들의 과학 지식과 과학 실험을 책임지고 있어. 나도 한때 과학에 대해 모르는 게 없었는데……. 리해와 무지가 이상한 걸 물어보면 공부를 다시 해야 하나 하는 생각이 들 정도야.

도무지

난 도무지! 이름이 왜 그러냐고? 이름처럼 내 지식의 끝을 도무지 알 수 없다는 뜻이야. 어떤 때는 무지하기도 하지만, 헤헤! 나는 똑똑하지만 경솔하다는 소리를 많이 듣고 있어. 잘못 알고 있는 것이 많은 건 내 지식이 넓기 때문 아닐까?

도도희

무지 누나야! 나도 똑똑한 거로는 지고 싶지 않아! 하지만 세상은 지식만으로는 살 수 없지. 사람들과의 관계도 중요해. 그런 면에서 리완 오빠를 좋아하는 거야. 뭐, 다른 뜻은 없어!

무지 엄마, 아빠

공부도 중요하지만 건강도 중요해. 우리 애들이 욕심내지 말고 과학 지식을 정확하게 아는 데 신경 썼으면 좋겠어. 사실 친구들끼리 사이좋게 지내는 게 더 좋아.

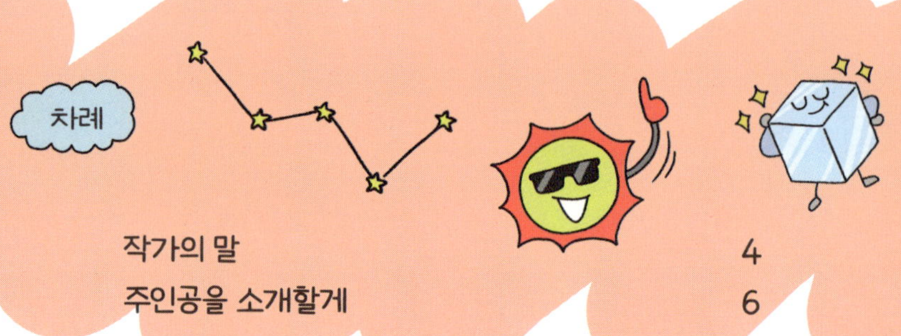

차례

작가의 말 4

주인공을 소개할게 6

겨울엔 **태양**이 멀어서 추워! 10

호주 해는 서쪽에서 떠! 16

지구는 **고체**로 이루어져 있어! 22

화석은 돌이 되는 거야! 28

북극은 일 년 내내 겨울이야! 34

남쪽은 자석의 S극이야! 40

밀물과 **썰물**은 바람 때문에 생겨! 46

하늘 높이 **올라가면** 뜨거워! 52

유리는 광물이야! 58

행성 고리는 **토성**에만 있어! 64

우와!

반짝이는 건 모두 **별**이야! 70

목성형 행성은 다 물에 떠! 76

가장 밝은 별은 **북극성**이야! 82

일식이나 **월식**이나 비슷해! 88

행성은 모두 **위성**이 있어! 96

별은 밝을수록 가까워! 104

푸른 별이 붉은 별보다 차가워! 110

별들을 이으면 **별자리**가 돼! 116

겨울에는 **겨울 별자리**만 보여! 124

성단, **성운**은 별이 많은 거야! 130

겨울엔 태양이
멀어서 추워!
리해야! 우리 몸 좀 녹이고 갈까?
으~으~
스마트 쉘터
날 따라와!
끄덕-
맞아. 열에 가까이 가야 따뜻해.
최대한 가까이 가야 해!

리해야,
무지야!
선생님도 추워서 들어오신 거예요?
어, 선생님!
나야 버스를 기다리고 있었지. 너희들 집은 걸어서 가잖아.
너무 추워서요. 난방기 가까이 가서 몸 좀 녹이고 가려고요.
여름이 더운 것도 태양이 가까워서잖아요.
난방기는 천장에 있는데……. 네 말대로라면 지금은 태양이 멀어서 추운 거네!
겨울엔 태양이 멀어서 추운 거 맞는데……?
아닌가 보네. 나도 틀릴 뻔!

겨울에 태양이 더 가까워!

여름에는 태양이 가까이 있어서 덥고, 겨울에는 멀리 있어서 춥다고 생각하는 사람이 많아요. 정말 그럴까요?

지구가 태양에 가장 가까울 때 거리는 약 1억 4,700만 킬로미터이고 우리나라는 한겨울이에요. 가장 멀 때 거리는 1억 5,200만 킬로미터이고 한여름이지요. 그러니까 겨울에 태양이 가까이 있고, 더운 여름에 오히려 태양이 더 멀리 있어요. 그런데 이 거리 차이는 왜 생길까요?

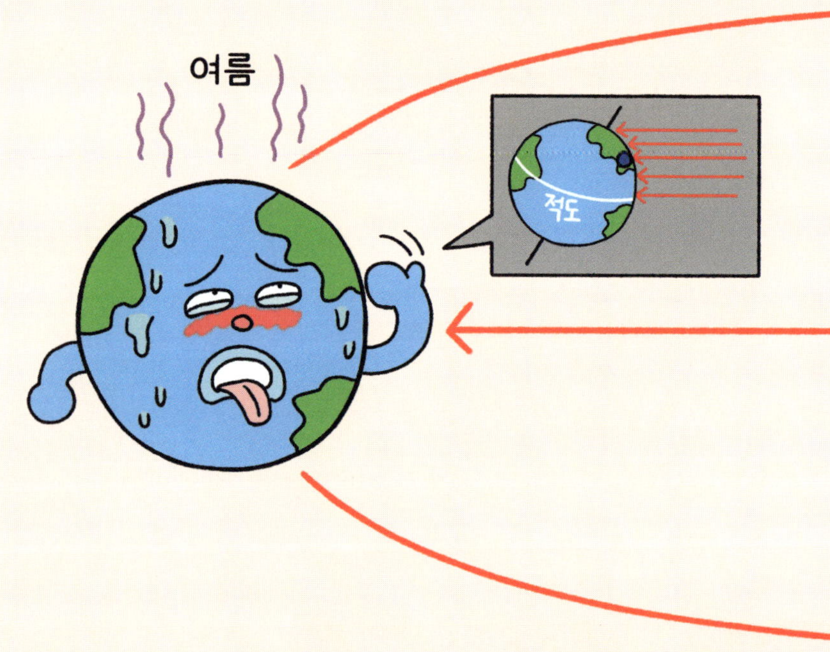

지구는 태양 주위를 1년에 한 바퀴씩 공전해요. 지구와 태양 사이의 거리는 약 1억 5,000만 킬로미터예요. 지구가 도는 궤도가 완전한 원이라면 일 년 내내 지구는 똑같은 거리에서 공전할 거예요.

그런데 지구의 **공전 궤도**는 원이 아니라 **타원**이에요. 쉽게 말해 반지름이 긴 쪽과 짧은 쪽이 있어요. 지구가 타원 궤도를 따라 공전하면 계절에 따라 지구와 태양 사이의 거리가 조금씩 달라져요.

그럼 기온 차이는 거리가 아니라 무엇 때문에 생길까요?

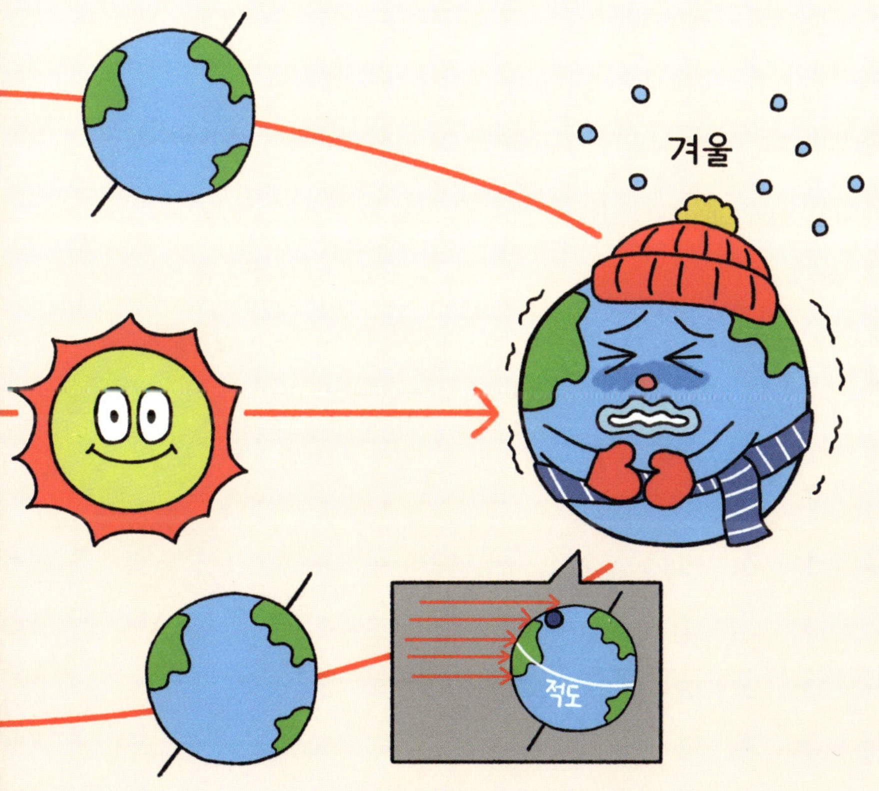

기온 차는 거리가 아니라 양!

지구의 기온은 지구 표면이 받는 태양 빛의 양에 따라 달라져요. 만약 지구가 세로축을 똑바로 세운 채로 공전한다면 어떤 지역은 1년 내내 똑같은 기온을 유지할 거예요.

그런데 지구는 세로축을 약 23.5도 기운 채 공전해요. 그래서 때에 따라 지구 표면이 받는 태양 빛의 양이 달라져요. 지구 표면이 태양 쪽으로 기울어지면 태양 빛을 수직에 가깝게, 더 오래 받게 되어서 여름이 돼요. 태양 반대편으로 기울어지면 빛을 비스듬히 받고 낮도 짧아져서 겨울이 돼요.

즉, 여름에는 태양 빛을 정면으로 받아서 좁은 면적에 에너지가 집중되어 기온이 크게 올라가요. 그리고 겨울에는 빛을 비스듬히 받아서 에너지가 넓게 분산되어 기온이 낮아지는 거예요.

이게 바로 여름은 덥고 겨울은 추운 이유예요. 태양의 **빛**과 **열**의 양은 받는 **각도**에 따라 달라져요. 반면 봄과 가을은 태양 빛이 비추는 각도가 여름과 겨울의 중간 정도가 되어 기온이 온화하고 비슷하게 유지돼요.

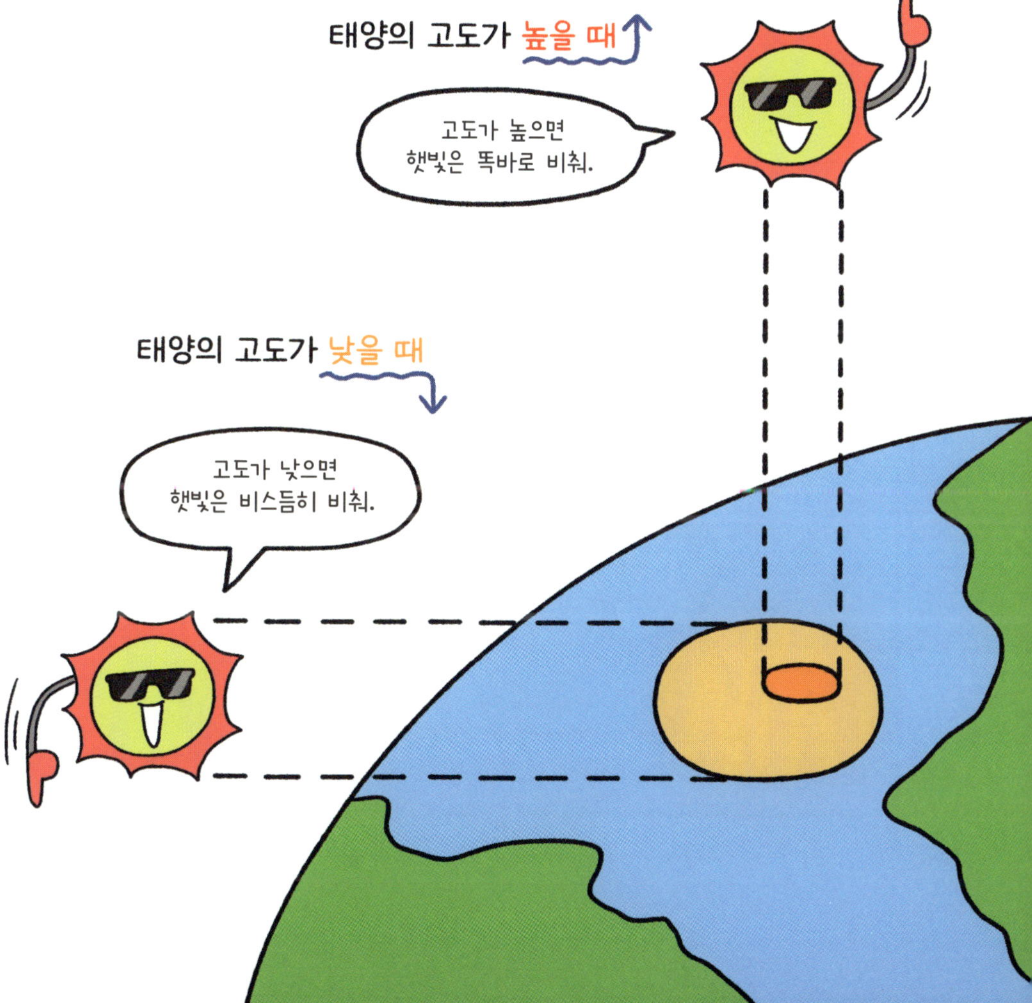

호주 해는 서쪽에서 떠!

아, 잘 잤다! 근데
이게 무슨 냄새지?
쭈욱~
!
무지는 공부, 도희는 청소,
아빠는 요리까지!
우~와!
아니 이게 무슨 일이야?
내일은 해가 서쪽에서
뜨겠네. 호호호!
호주는 해가
서쪽에서 뜬대요.
정말 그런 줄
착각할 뻔!
?
?
?
?

호주 해도 동쪽에서!

우리가 사는 *북반구에서는 해가 동쪽에서 떠서 남쪽을 지나 서쪽으로 져요. 호주가 있는 *남반구에서는 해가 동쪽에서 떠서 북쪽을 지나 서쪽으로 져요. 세계 어디서나 해가 뜨는 쪽을 동쪽으로 정했기 때문이에요.

지구 전체를 위에서 아래로 내려다본다고 생각해 보아요. 그러면 지구는 세로축이 약 23.5도 기운 채 시계 반대 방향으로 자전을 해요. 그래서 우리나라는 동해안에서 먼저 해를 맞게 되고, 서해안으로 해가 지게 돼요.

이렇게 해가 뜨는 방향을 동쪽, 지는 방향을 서쪽으로 정했어요. 그 중간이 남쪽과 북쪽이에요.

위에서 보면 지구는 시계 반대 방향, 즉 왼쪽으로 자전을 한다고 했지요? 그렇다면 지구 자전의 반대 방향은 바로 시계 방향, 오른쪽이에요. 시계 방향은 누가, 왜 오른쪽으로 정했을까요?

✻ 자전축을 기준으로 보면 가로 둘레 중 가장 긴 곳이 적도예요. 위도로는 0도예요. 적도를 중심으로 북쪽의 반은 '북반구', 남쪽의 반은 '남반구'라고 해요.

시계 방향은 어느 쪽?

바늘이 있는 시계를 보면 시계의 숫자는 위 한가운데 12가 있고 오른쪽으로 돌면서 1부터 11까지 쓰여 있지요. 즉, 시곗바늘은 오른쪽으로 돌아요. 이것을 **'시계 방향'**이라고 해요.

세계 지도를 보면 유럽, 아시아, 북아메리카 등의 주요 대륙이

적도 위쪽인 북반구에 있어요. 세계의 역사는 북반구를 중심으로 발전해 왔어요. 시계를 발명한 것도 북반구예요.

막대 하나를 세워 놓으면 그림자는 오른쪽으로 돌아요. 시계는 바로 **북반구**에서 오른쪽으로 도는 **그림자**의 움직임을 보고 발명했어요. 그래서 방향이 지금처럼 오른쪽으로 정해진 거고요. 만약 시계가 남반구에서 발명되었다면 시곗바늘은 왼쪽으로 돌고 있을지도 몰라요.

지구는 고체로 **이루어져 있어!**

으악!
와앙—
우물 우물~
키킥—
리완이 너, 동생을 놀리기나 하고. 리해야 물 마셔라 어서!
달걀 좀 먹어 봐!
지구의 내부랑 비슷하네.
너 지구 전체가 삶은 계란처럼 고체로 되어 있다고 생각하는 건 아니겠지?
지구는 당연히 고체지!
아무렴, 액체일까?
아냐?
거 봐요. 리해 놀리려는 게 아니라 제대로 알려 주려고 그런 거라고요.
속을 뻔!

지구는 알록달록 층층이!

지구의 겉면인 땅은 딱딱한 고체로 되어 있어요. 하지만 그 아래에 겹겹이 다양한 구조가 있고 고체가 아닌 층도 있어요.

우리가 사는 땅은 지구의 껍데기, 즉 지표 또는 **지각**이라고 해요. 지각은 말 그대로 지구를 둘러싸고 있는 겉면이에요. 지각의 두께는 지역마다 조금씩 다르지만, 평균 30킬로미터예요.

지각 바로 아래는 **맨틀**이라고 해요. 맨틀은 주로 규산염으로 된 암석으로 되어 있어요. 규산염은 규소(Si)와 산소(O)가 결합해 있는 물질이에요. 맨틀의 두께는 약 2,900킬로미터로 두꺼운데 지구 부피의 약 85퍼센트를 차지할 정도로 넓게 분포하고 있어요.

맨틀 아래는 **핵**이에요. 핵은 어떤 물체의 한가운데에 있는 단단한 덩어리예요. 지구의 핵은 바깥쪽의 '외핵'과 가장 안쪽의 '내핵'으로 되어 있어요.

내핵의 반지름은 두께 약 1,200킬로미터로 주로 철과 니켈이 섞여 있어요. 온도는 태양 표면의 온도와 비슷한 섭씨 5,000~6,000도지만, 압력이 높아 고체 상태를 유지하고 있어요.

반면 외핵은 내핵처럼 철과 니켈이 섞여 있지만, 내핵보다 압력이 낮아 액체 상태로 있어요.

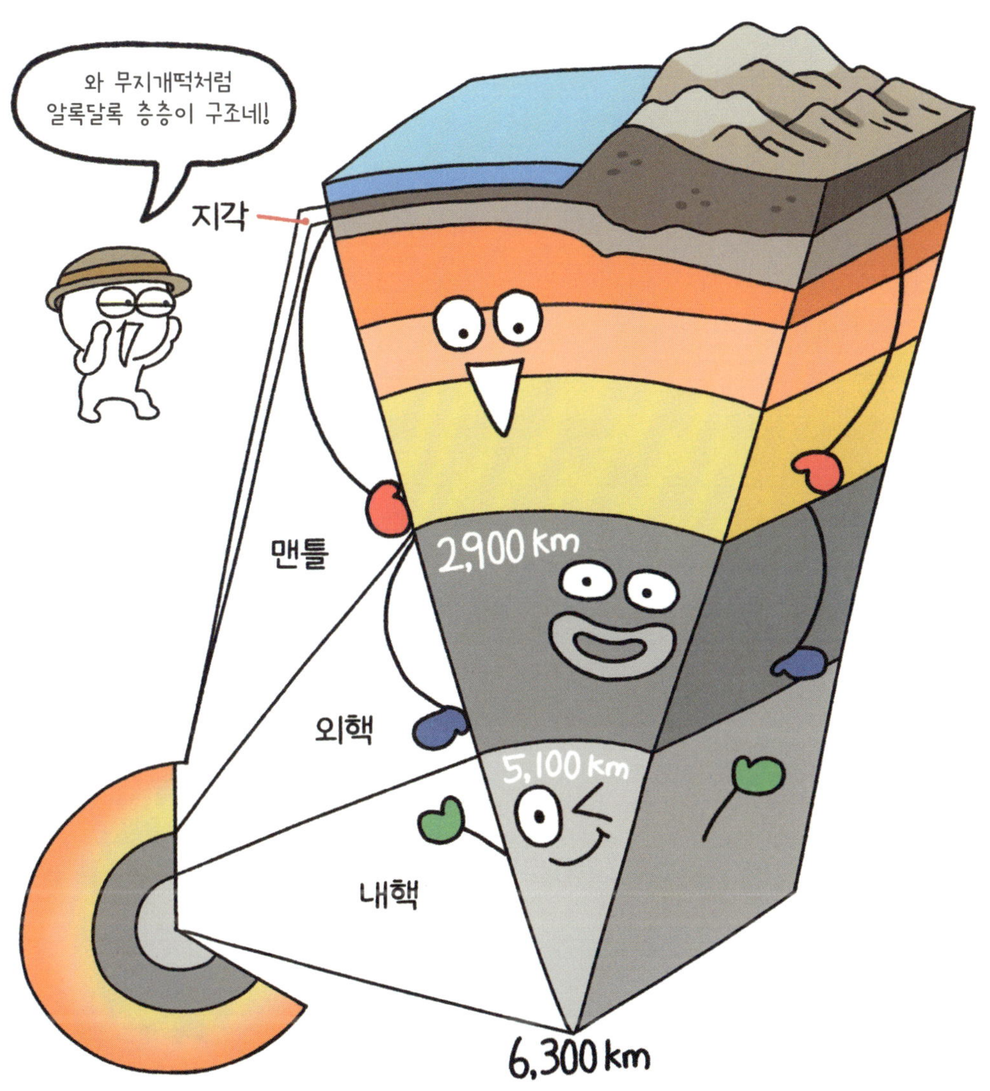
와 무지개떡처럼
알록달록 층층이 구조네!
지각
맨틀
외핵
내핵
2,900 km
5,100 km
6,300 km

행성의 내부도 궁금해!

태양계의 행성들은 지구와 마찬가지로 내부가 여러 층으로 나뉘어 있어요. 행성의 종류에 따라 층의 성분과 구조에 차이가 있어요.

수성, 금성, 화성과 같은 **지구형 행성**은 지구와 비슷하게 암석과 금속으로 이루어진 행성들이에요. 지각, 맨틀, 핵(외핵과 내핵)으로 이루어져 있어요.

수성은 반지름이 2,400킬로미터 정도 되는데 이 중 핵의 반지름이 1,800킬로미터로, 핵이 많은 부분을 차지해요. **금성**의 반지름은 약 6,050킬로미터로 지구보다 약간 작고 내부 구조도 지구와 아주 비슷해요. **화성**의 반지름은 3,400킬로미터로 지구의 절반 정도예요. 핵의 크기도 작고 철과 니켈에 유황이 포함된 것이 특징이에요.

목성, 토성, 천왕성, 해왕성과 같은 **목성형 행성**의 겉면은 딱딱한 지각이 아닌 가벼운 기체 위주의 대기로 이루어져 있는 것이 특징이에요. 목성과 토성의 대기는 주로 수소와 헬륨으로 되어 있어요. 천왕성과 해왕성의 대기는 수소, 헬륨, 메테인으로 이루어져 있어요. 대기 아래 맨틀은 물, 암모니아, 메테인으로 이루어져 있어요.

해왕성에는
암모니아가 많대.
암모니아라면
화장실 냄새?
으~~
크크.
우리 해왕성 보러
화장실 갈까?
크크.

화석은 돌이 되는 거야!

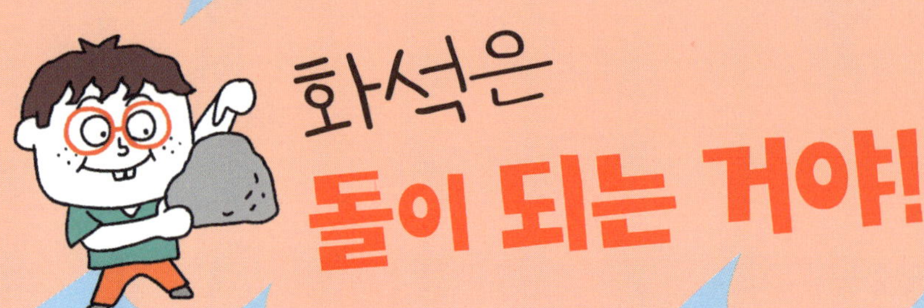

다 만들었….

푹

와, 공룡 발자국 같다!

으악! 내 모래성!

누나 빨리 와 봐!
여기 공룡 화석 있어!
씨익-
이게 공룡
화석이라고?
엄마~, 아빠~!
여기 공룡 화석 있어요!
설마 너희 화석이 돌로
변한다고 아는 거야?
나도
착각할 뻔!
발자국들이 굳어서 돌이 된 게
화석이니까 발자국 화석 맞지!
공룡은 아……니……지……만.

화석은 정말 **돌**일까?

화석은 생물체가 단단하게 굳어 돌처럼 보여요. 그렇다면 화석은 정말 생물이 돌이 된 걸까요? 정확하게 말하면 돌이 된 것이 아니라 광물이 된 거예요. 광물이 모여 돌, 즉 암석이 되는 것이지만, 화석은 생물체가 그냥 단순한 돌로 변한 것이 아니라는 거예요.

생물의 몸 전체나 일부가 화석이 된 것을 **'체화석'**이라고 해요. 보통 화석하면 체화석을 말해요. 화석이 되려면 뼈, 이빨, 껍데기 같은 딱딱한 부분이 퇴적물 속에 묻혀야 해요.

생물체의 일부가 퇴적물 속에 묻히면 시간이 흐르면서 썩거나 녹아 없어져 공간이 생겨요. 이 공간에 광물이 만들어지고 굳으면 화석이 돼요. 공룡의 골격, 암모나이트, 삼엽충, 나뭇잎 화석 등이 이렇게 만들어져요.

공룡이나 새의 발자국, 똥, 물결이 흘렀던 자국 등도 화석이 될 수 있어요. 생물의 본체가 화석이 된 것이 아니어서 **'흔적 화석'**이라고 해요. 발자국, 흔적, 자국이 처음에는 부드러운 진흙에 생겨요. 그 흔적이 생긴 진흙이 단단한 암석이 될 때까지 남아 있으면 흔적 화석이 돼요. 흔적에 다른 퇴적물이 쌓였더라도 흔적의 모양이 그대로 남으면 흔적 화석이라고 해요.

가짜 화석도 있다?

1676년, 어떤 동물의 뼈가 화석으로 발견되었어요. 그 당시에는 어떤 동물인지 알 수가 없었어요. 이 화석은 1824년, 영국의 지질학자 윌리엄 버클랜드가 '거대한 도마뱀'이라는 뜻으로 '메갈로사우루스'라는 이름을 붙였어요. 그러다가 1842년, 영국의 고생물학자인 리처드 오언은 이 화석이 중생대 쥐라기에 살았던 거대한 파충류라는 것을 밝혀냈어요. 이때부터 끔찍한 파충류라는 뜻으로 **공룡**(dinosaur)이라는 이름이 생겨났어요.

1912년, 영국 필트다운에서 50만 년 전 인류의 머리뼈 화석이 발견되었어요. '필트다운인'이라 이름 붙여진 이 인류 화석은 고고학 교과서에 실릴 만큼 유명해졌어요. 그런데 1940년대 이후 이 화석은 가짜라는 것이 밝혀졌어요.

일본의 아마추어 고고학자 후지무라 신이치가 발견한 유물로 일본의 인류 역사가 3만 년 전에서 무려 70만 년 전으로 바뀌게 되었어요. 그런데 후지무라가 유물을 땅속에 몰래 묻어 놓았다는 것이 밝혀지면서 가짜였음이 드러났어요.

웬일로
열심이냐?
혹시 알아?
필트다운인이나
후지무라처럼 가짜인지
살펴야지!
이리 보고~
저리 보고~
여긴 학자들이
다 검증하고
전시하는 거란다!

북극은 일 년 내내 겨울이야!

ccc
거기 가면 무지 너 금세
더워 죽겠다고 할걸!
맞아, 너희 지난여름에는
일 년 내내 겨울만 있는 북극에서
살고 싶댔잖아.
그럼 더운 여름에는
북극에 살고!
12
1
2
4
5
6
지금처럼 추운 겨울에는
열대 지방에서 살고!
너희,
설마 북극은
일 년 내내
겨울인 줄
아는 거야?
너희 설마
열대 지방은 일 년
내내 여름인 걸로
아는 거야?
설마
도희 너도?

극지방, 적도의 계절 변화는?

지구는 기운 채로 자전하기 때문에 60도 이상 고위도로 갈수록 자전축의 영향을 더 크게 받아요. 여름에 종일 해가 떠 있다 하더라도 해가 비치는 각도가 작아 기온이 낮지요. 그래서 극지방은 항상 추운 겨울만 계속된다고 생각하는 경우가 많아요.

북극과 남극에도 사계절이 있어요. 북극은 봄(3~5월), 여름(6~8월), 가을(9~11월), 겨울(12~2월)이 우리나라와 같고, 남극은 봄(9~11월), 여름(12~2월), 가을(3~5월), 겨울(6~8월)이고요.

하지만 북극과 남극의 사계절은 뚜렷하지 않아요. **낮과 밤의 길이 차이**가 아주 커요. 여름에는 종일 해가 지지 않는 백야 현상이 일어나고, 겨울에는 종일 해가 뜨지 않는 극야 현상이 일어나요.

적도를 중심으로 북위 23.5에서 남위 23.5도까지의 지역을 적도 지방이라고 해요. 일 년 내내 해가 거의 수직으로 내리쬐기 때문에 기온의 변화가 별로 없어요. 그래서 적도 지방의 계절은 기온보다는 **강수량 차이**로 구분해요. 예를 들어 적도 지방의 인도네시아는 5~10월을 강수량이 적은 건기, 11~4월은 강수량이 많은 우기로 나타내요.

사계절이 뚜렷한 지역은?

위도 30~60도 지역은 중위도 지방이라고 해요. 이 지역은 계절의 변화가 두드러지고, 여름과 겨울의 기온 차가 뚜렷해요. 연평균 기온은 영하 3℃ 이상 영상 18℃ 미만이므로 기후가 온화하여 사람이 살기에 적합하고 다양한 동물과 식물이 서식하고 있지요. 우리나라는 북위 33~43도이므로 **사계절**이 뚜렷한 **중위도** 지역에 속해요.

세계 지도를 보았을 때, 중위도 지역도 북반구와 남반구로 나누어져요. 북반구 지역에서는 우리나라를 비롯하여 중국, 일본, 미국 그리고 유럽의 많은 나라가 중위도 지역에 속해 있어요. 남반구 지역에서는 호주, 뉴질랜드, 남아프리카공화국, 아르헨티나 남부 등이 중위도 지역에 속해요.

중위도 지역은 기온이 너무 높지도 않고 낮지도 않아 다양한 작물을 재배할 수 있어 식량 자원이 풍부해요. 또 기후 조건이 안정적이어서 농업은 물론 공업, 무역, 관광 등도 활발하게 이루어져요. 따라서 인구도 많고 다양한 문화가 발전하기도 해요.

골고루 옷을 입으니
너무 좋아!
겨울은
너무 춥고,
여름은 너무
더워서 싫어!

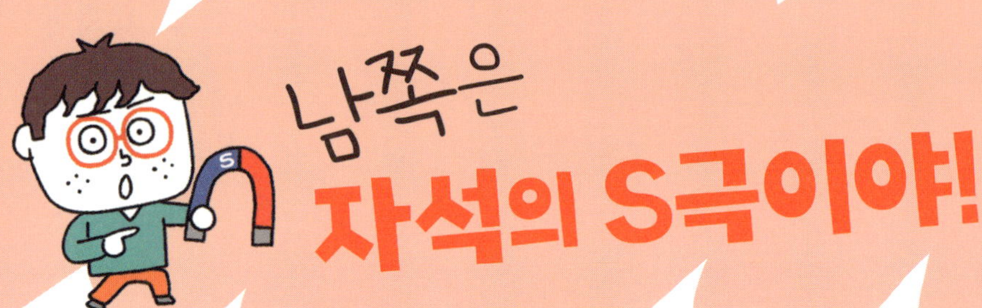

남쪽은 자석의 S극이야!

가끔은 등산도 해야 해!

맞아, 너무 상쾌하다.

냠냠~

안 왔음 후회할 뻔!

정상

흐흐

리해야, 다 먹었으니 주위를 좀 둘러볼까?

그래, 좋아!

천천히 와!

멀리 가지 마! 혹시 길을 잃으면 남쪽을 찾아!

방긋

길을 잃었나 봐! 남쪽을 찾자.

남쪽? 어떻게 찾지?

지금이 12시니까 해가 있는 쪽이 남쪽인 걸 몰라?

아니, 너희는?

남극이 아니라 북극이 S극!

지구는 자전축을 기준으로 하루에 한 바퀴씩 자전해요. 자전축의 윗부분을 북극이고 아랫부분은 남극이 되지요. 그래서 지구의 북극이 자석으로 말하면 N극이 되고 남극이 S극이라고 생각하는 경우가 많아요. 하지만 그렇지 않아요.

나침반의 N극이 북쪽을 가리킨다는 것은 지구의 북극이 자석의 S극이기 때문이에요. 남극은 당연히 N극이 되고요. 서로 다른 극끼리 끌어당기니까요.

지구 역시 **자석**이라는 얘기인데요, 지구는 어떻게 자석이 되었을까요? 지구의 내부는 강한 중력이 작용하기 때문에 온도와 압력이 높아요. 지구의 외핵은 주로 전기가 아주 잘 통하는 철과 니켈로 이루어져 있는데, 매우 높은 온도로 인해 단단한 고체가 아닌 액체로 이루어져 있어요. 그래서 물처럼 흐를 수 있죠. 액체인 철과 니켈이 회전하고, 이로 인해 외핵에 전류가 흘러요. 결국 지구에 자기장이 생기고, 자석의 힘을 갖게 되는 거죠.

지각
맨틀
외핵
내핵
Fe
Ni
Fe
Ni
다들 헤쳐 모이자!
S극
Fe
Ni
Fe
Fe
Ni
Ni
Fe
Fe
Ni
Fe
Ni
Fe
Fe
Ni
Fe
Ni
Fe
Ni
Fe
Ni
Fe
Ni
자기력
철도 회전!
N극
니켈도 회전!

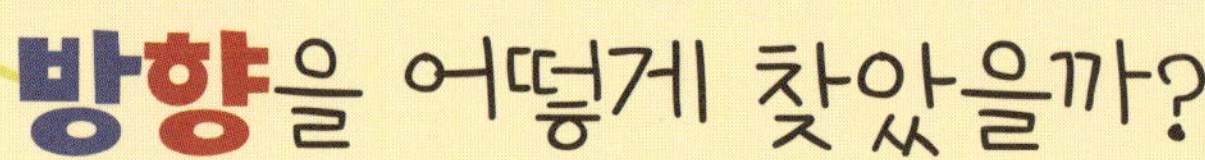

아주 먼 옛날 사람들은 하늘의 해, 달, 별 등을 보고 방향을 찾았어요. 멀리 떨어진 곳까지 사냥하러 갔다가 집에 찾아올 수 있는 것도 해, 달, 별 덕분이었지요.

해와 별은 항상 같은 방향에서 뜨고 지고, 달도 한 달을 기준으로 뜨고 지는 곳이 정해져 있어요. 해가 떠서 질 때까지 낮 동안 관찰하면 방향을 알 수 있어요. 밤에는 달과 별이 해와 같은 곳에서 떠서 방향을 알 수 있지요. 그런데 해,

북극성이 저기 있소,
북쪽으로 갑시다!

별이 있어
다행이다.

달, 별은 날씨가 흐리면 볼 수가 없어요. 흐린 날에는 어떻게 방향을 찾았을까요?

자석이 발견되면서 바늘을 자석으로 만들면, 어떤 방향을 가리킨다는 사실을 알게 되었어요. 바늘 자석을 물에 띄우면 바늘은 항상 남쪽과 북쪽을 가리키며 멈춘 거예요. 이런 성질을 이용한 것이 바로 **나침반**이에요.

나침반이 항상 북쪽을 가리키는 이유는 지구가 거대한 자석이기 때문이에요.

밀물과 썰물은 **바람 때문에 생겨!**

밀물이 되려나 봐.
바다에서 바람이
불어오는데?
바닷물이 바람에
실려 들어온대.
멈칫_
형! 밀물이야.
서둘러 나가야 해.
설마 밀물이
바람 때문이라고?
바람 때문에 바닷물이
밀리는 거 아니었어?
? ?

밀물 썰물은 바람 때문이 아냐!

하루 동안 갯벌의 변화를 살펴보면, 바닷물이 6시간에 걸쳐 들어와 바다가 되었다가 6시간에 걸쳐 빠져나가 다시 갯벌이 드러나요. 이런 상황이 하루에 두 번씩 반복돼요. 바닷물이 들어올 때는 '밀물', 나갈 때는 '썰물'이라고 해요.

그런데 이런 바닷물의 움직임이 바람 때문에 일어나는 현상이라고 생각하는 경우가 많아요. 바닷물이 밀려오는 밀물은 바다에서 부는 바람, 바닷물이 나가는 썰물은 육지에서 부는 바람 때문이라는 거죠. 하지만 밀물과 썰물은 바람이 아니라 달

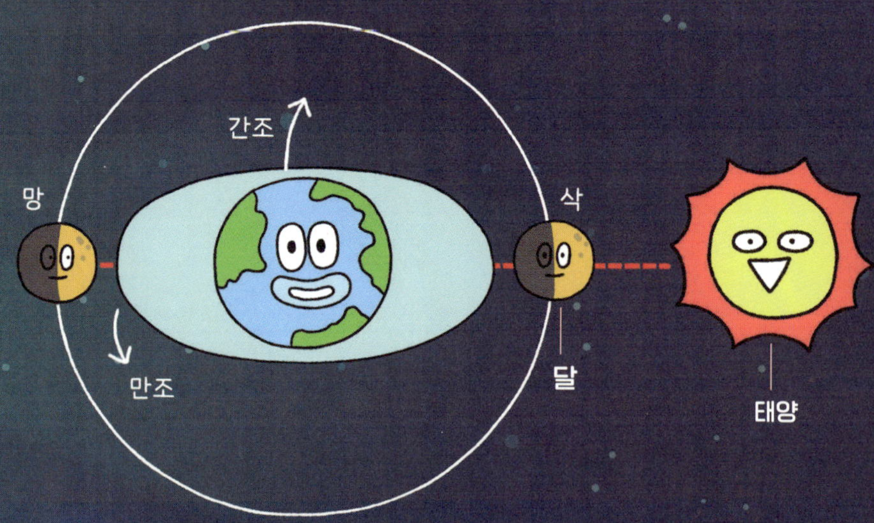

과 태양 때문에 생겨요.

달은 지구 주위를 **공전**하고, 지구는 태양의 행성으로 태양 주위를 공전해요. 그리고 이들 사이에는 **중력**이 작용해요. 중력은 질량이 있는 물체 사이에 작용하는 힘이에요. 지구 표면은 약 70퍼센트가 바다예요. 달과 마주 보고 있는 지역의 바닷물은 달의 중력에 의해 끌어당겨져 부풀어 올라요.

달의 중력으로 바닷물이 부풀어 오른다는 것은 비어 있던 갯벌에 바닷물이 채워지고 밀물이 된다는 거예요. 지구가 자전하여 달과 마주 보지 않게 되면 바닷물을 끌어당기는 힘이 점점 약해져서 바닷물이 빠져나가 썰물이 돼요.

달과 태양이 함께 당겨요!

밀물과 썰물에는 달뿐만 아니라 태양의 중력도 영향을 미쳐요. 태양–달–지구가 일직선을 이루는 그믐 때나, 태양–지구–달이 일직선을 이루는 보름 때는 달의 중력에 태양의 중력이 더해져 밀물과 썰물이 평소보다 더 커져요. 달과 태양이 지구의 바닷물을 함께 끌어당기는 거예요. 그래서 그믐이나 보름에는 바닷물의 높이가 더 높아져요.

달과 태양이 지구 바닷물의 높이에 주는 영향을 **'기조력'**이라고 해요. 밀물과 썰물을 '조수'라고 하는데, 이런 조수를 일으키는 힘이라는 뜻이에요. 기조력은 달과 마주 보지 않는 반대쪽

에도 똑같은 힘으로 영향을 미쳐요.

서해나 동해나 달과 태양의 기조력은 똑같지만, 밀물과 썰물이 일어나는 모습은 큰 차이가 있어요. 밀물과 썰물은 해안의 수심과 해저의 생김새에 따라 달라지거든요. 서해안은 수심이 얕고 해저의 모양이 평평해요. 반면 동해안의 수심은 깊고 해저의 모양은 불규칙해요. 그래서 밀물과 썰물의 차이가 거의 없고 갯벌도 발달할 수 없어요. 남해안은 서해안과 동해안의 중간 성격으로 지역에 따라 갯벌이 발달하기도 하고요.

우리나라 서해안의 시화호에는 세계에서 가장 규모가 큰 조력 발전소가 있어요. **조력 발전**은 조수의 흐름을 이용하여 터빈을 돌려 전기를 얻는 방식이에요.

하늘 높이 올라가면 뜨거워!

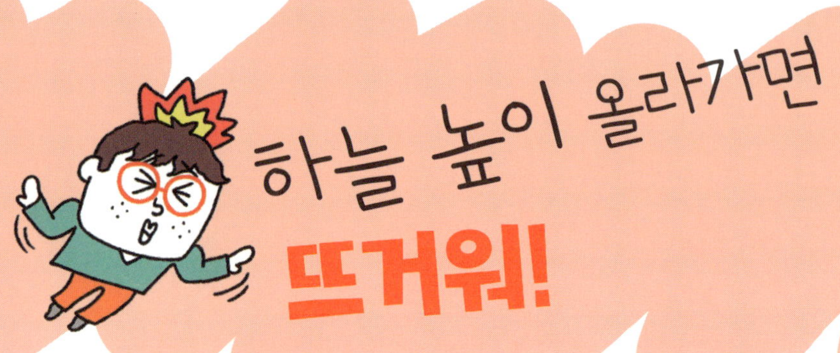

그리스 로마 신화

뻔뻔뻔한 과학책 1

이카로스는 바보인가 봐!

그리스 로마 신화

이카로스? 다이달로스의 아들?

스윽ㅡ

이카로스

으아악!

높이 올라갈수록
뜨거워지잖아!
그리스
생각만 해도
뜨겁다!
이카로스의 욕심이
너무 심했어!
그래!
이제
집에 가자.
거 봐! 가까이 갈수록 냄새가
진해지잖아. 태양처럼 말이야.
내 말이!
킁킁~

올라갈수록 온도도 오를까?

그리스 신화의 이카로스를 아시나요? 새의 깃털과 밀랍으로 날개를 만들어 하늘로 날아오른 인물이에요. 너무 높이 난 탓에 태양열에 밀랍이 다 녹아서 추락하고 말았죠. 하지만 지구 근처의 대기권에서는 밀랍이 쉽게 녹지 않아요. 지구에서 하늘로 계속 올라간다고 온도도 계속 올라가는 것은 아니거든요.

지구는 **대기**로 둘러싸여 있어요. 그런데 대기를 구성하는 기체의 밀도와 온도에 따라 여러 가지 층으로 나눌 수 있어요. 지표면을 기준으로 올라갈수록 대류권, 성층권, 중간권, 열권, 외기권으로 나눠요.

대류권은 지표로부터 약 11킬로미터까지예요. 대기 중에서 기체의 대류가 일어나는 곳이에요. 온도가 높은 가벼운 기체가 위로 올라가면, 온도가 낮고 무거운 기체가 아래로 내려오면서 끊임없이 순환해요. 여러 가지 기상 현상이 일어나는 곳이죠.

대류권은 태양에서 온 에너지를 지표에 다시 방출하는데 고도가 높아질수록 온도가 낮아져요. 보통 높이 1킬로미터마다 섭씨 5~6도씩 낮아져요. 지표에서 멀어질수록 방출하는 에너지가 작아지기 때문이에요. 이카로스가 하늘로 계속 올라갔다면 대류권에서 얼어 죽고 말았을 거예요.

대류권

으악!

태양에 가기도 전에
얼어 죽겠어!

덜덜~

여객기 **길**은 **따로** 있어!

대류권 다음인 **성층권**은 지표로부터 11~50킬로미터 사이예요. 대류권과 반대로 높이 올라갈수록 온도가 점점 올라가요. 성층권 중간쯤에 있는 오존층에서 태양의 자외선을 흡수하기 때문이에요.

성층권은 대류 현상이 거의 일어나지 않아 여객기가 운항하는 곳이에요. 지표로부터 9~12킬로미터는 기상 현상이 거의 일어나지 않아 여객기가 안정적으로 운항할 수 있는 위치예요.

지표로부터 50~80킬로미터는 **중간권**이에요. 더 높이 올라갈수록 온도가 다시 낮아지는 지역이에요. 대류 현상은 일어나지만, 기상 현상은 일어나지 않아요. 별똥별, 즉 유성이 이곳에서 불타 없어지지요.

지표로부터 80~1,000킬로미터 사이는 **열권**이에요. 말 그대로 올라갈수록 온도가 올라가고 300킬로미터 부근은 섭씨 800~900도나 돼요. 태양에서 오는 태양풍을 직접 맞는 곳이며, 전기를 띤 입자가 많아 오로라가 생기는 곳이에요. 국제 우주 정거장의 높이가 320~380킬로미터인데 바로 열권에 있지요.

이렇게 지표에서 높이 올라갈수록 온도는 높아지기도 하고 낮아지기도 해요.

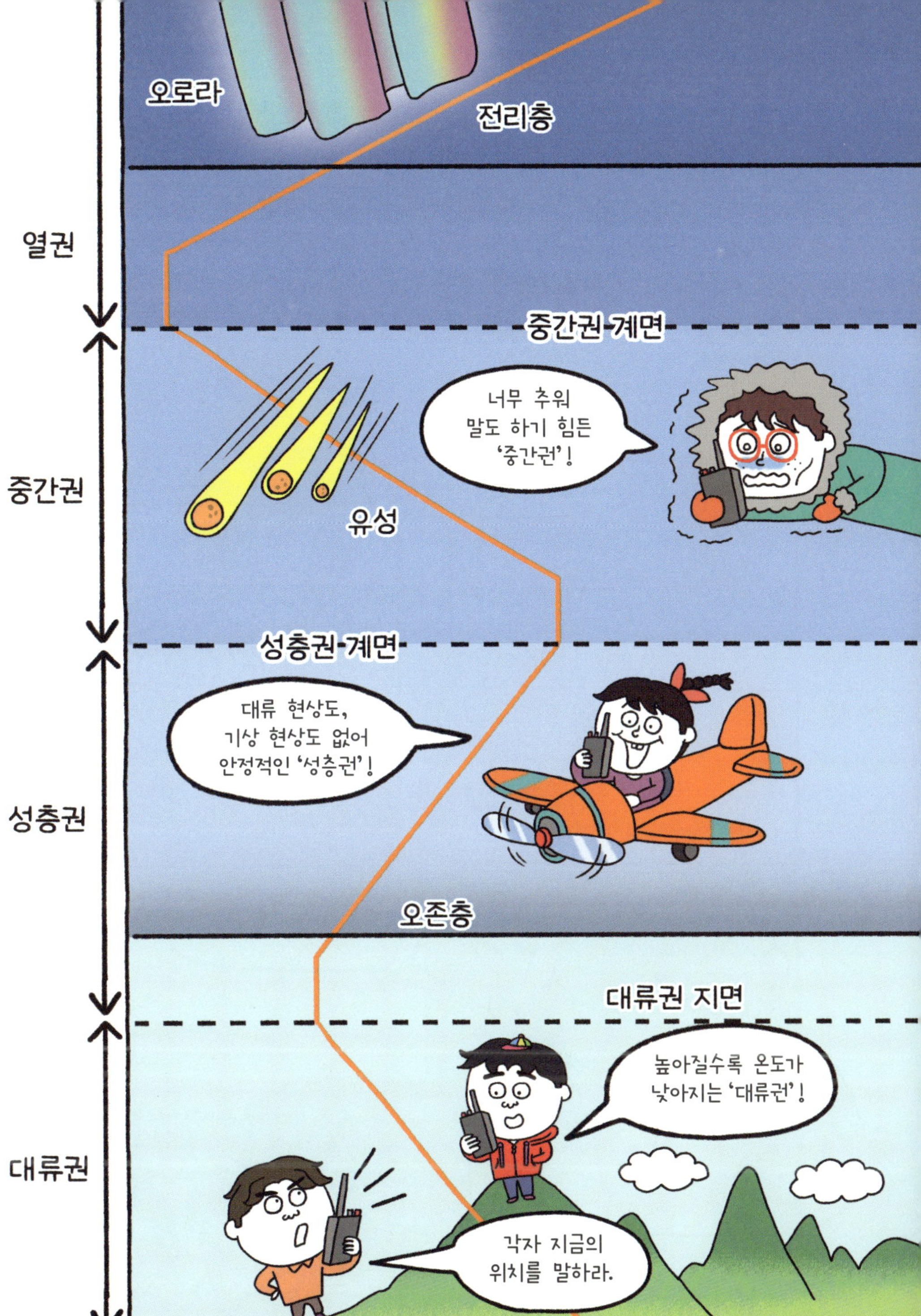
오로라
전리층
열권
중간권 계면
너무 추워
말도 하기 힘든
'중간권'!
중간권
유성
성층권 계면
대류 현상도,
기상 현상도 없어
안정적인 '성층권'!
성층권
오존층
대류권 지면
높아질수록 온도가
낮아지는 '대류권'!
대류권
각자 지금의
위치를 말하라.

유리는 광물이야!

없을 리가
있나요?
좋았어.
선물은
내 거다!
그럴 수는
없지.
유리는 광물일까요?
아닐까요?
모래로 유리를 만든다고
들었어. 광물이 확실해.
모래가 주성분이니까
광물이 확실해.
정답은 광물!
나도
손 들 뻔!
땡! 유리를
누가 만드는지
생각해 보세요.

광물을 찾아라!

유리는 자연이 만들지 않은 거라 안 돼!
호박은 생물이 만든 거라 안 되고!
진주 역시 생물이 만들어서 안 돼!
다이아몬드. 드디어 찾았다. 광물!

광물이 되려면 조건이 있어!

영롱한 유리구슬, 알록달록한 유리잔, 화려한 스테인드글라스. 주변에서 흔히 볼 수 있는 **유리**는 보석만큼이나 아름다워 장식에 많이 쓰여요. 잘 깨진다는 단점이 있지만요. 사람들은 유리도 보석인 수정이나 에메랄드처럼 광물이라고 생각해요.

하지만 유리는 광물이 아니에요. **광물**이 되는 조건은 따로 있어요. 첫째, 자연에서 만들어져야 해요. 둘째, 고체여야 해요. 셋째, 생물이 만든 것이 아니어야 해요. 넷째, 원자들이 규칙적이고 반복적인 결정 구조를 가져야 해요.

유리는 생물이 만든 것은 아니지만, 자연에서 만들어지지도 않고 결정 구조를 가지고 있지 않아 광물이 아니에요.

유리는 모래에서 발견되었어요. 기원전 3500년경 아시아와 유럽을 오가는 메소포타미아, 시리아, 이집트 등의 소금 상인들이 모랫바닥에서 야영하면서 피워 놓은 불에 모래와 소금이 녹아 유리가 만들어지는 것을 우연히 본 거예요. 이후 유리 만드는 기술이 점점 발전하여 전 세계로 퍼지게 되었어요.

광물은 화합, 암석은 혼합!

암석과 광물이 생기는 과정은 비슷하지만, 광물은 반드시 결정이 만들어져야 한다는 큰 차이가 있어요.

광물은 지구를 이루는 원소들이 내부 또는 외부 환경에서 어떤 조건이 맞을 때 만들어지는 **화합물**이죠. 예를 들어 마그마가 식을 때 결정이 만들어지면서 광물이 돼요. 이런 광물을 화성 광물이라고 해요.

또 바닷물이나 호수의 물이 증발하면서 결정이 만들어져 광물이 되기도 해요. 이것은 증발 광물이고요. 지하 깊은 곳에서 높은 온도와 압력에 의해 기존의 광물이 새로운 광물로 변하기도 해요. 이런 광물은 변성 광물이에요.

한편, 암석은 여러 가지 물질이 섞인 **혼합물**이죠. 만들어지는 원인에 따라 화성암, 퇴적암, 변성암으로 나눌 수 있어요. 화성암이 바로 화산 활동으로 마그마나 용암이 굳어진 암석이에요. 퇴적암은 이렇게 만들어진 암석들이 부서지거나 물에 녹았던 광물들이 퇴적되어 쌓여 굳어진 암석이에요. 변성암은 화성암이나 퇴적암이 열이나 압력을 받아 원래의 성질이 변해서 만들어진 암석이에요.

각종 채소에
소스도 잘 혼합해 주면
포케 완성!
혼합
암석도
이런 혼합물이래.
밀가루로 빵을 만드는 것은
재료의 화합이 중요해!
화합
광물도 이런 빵처럼
화합물이래.

행성 고리는 **토성에만 있어!**

스포츠 센터

읏차

읏차차—

줄넘기하는 모습이
꼭 개구리 가족 같아.
뭐?
개구리?
목성
토성
천왕성
해왕성
훌라후프가 꼭 행성 고리 같아.
키키키
행성 고리는
멋지네, 뭐!
고리는 토성에만 있으니까
그럼 우리는 토성 가족?
토성에만
고리가 있다고?

행성에 귀가 있다고?

근대 과학의 문을 활짝 연 이탈리아의 갈릴레오 갈릴레이는 망원경으로 **토성**을 관측했어요. 그러고는 '토성에는 귀가 있다'는 유명한 말을 남겼어요. '귀'는 바로 토성의 고리예요. 망원경의 성능이 지금처럼 좋지 않았기 때문에 토성의 고리가 마치 사람 얼굴 양쪽에 있는 귀처럼 보였던 거예요. 이것이 토성에 고리가 있다는 것을 발견한 최초의 일이었어요.

망원경의 성능이 점점 좋아지면서 토성의 **고리**를 자세히 관측할 수 있었어요. 토성의 고리는 평평한 디스크 모양이며 여러 개가 겹쳐 띠를 이루고 있다는 것이 밝혀졌어요. 고리의 정체는 토성 주위를 공전하는 얼음과 먼지 그리고 암석들이에요. 그런데 토성에만 고리가 있을까요?

토성의 고리 발견 이후 목성, 천왕성, 해왕성 등 목성형 행성에 모두 고리가 있다는 것이 알려졌어요. 목성은 오랫동안 고리가 없는 것으로 알려져 있었어요. 그런데 천왕성 다음으로 목성의 고리가 발견되었어요. 외행성 및 태양계 탐사선으로 1977년 발사한 보이저 1호가 1979년 목성의 고리를 발견했고, 주로 먼지로 이루어져 있다는 것을 알아냈어요.

천왕성의 고리는 1977년에 처음으로 7개가 발견되었는데,

1977년에 발사한 보이저 2호가 1986년에 2개를 더 발견했어요. 허블 우주 망원경 관측 결과 천왕성의 고리는 13개로 늘어났어요. 천왕성의 고리 역시 작은 먼지로 이루어져 있어요.

또 찾았다, 행성 고리!

1984년 해왕성에도 고리가 있다는 것이 예측되었고, 1989년 보이저 2호가 고리 6개를 발견하면서 예측이 맞다는 것이 밝혀졌어요. 해왕성의 고리는 먼지와 얼음으로 되어 있어요. 2006년 행성의 지위에서 제외되어 왜소 행성으로 분류하고 있는 명왕성에는 아직 고리가 발견되지 않았어요. 하지만 고리가 발견될 가능성은 여전히 남아 있어요.

목성

태양계 행성 중 목성, 토성, 천왕성, 해왕성과 같은 **목성형 행성**에는 고리가 있어요. **지구형 행성**인 수성, 금성, 지구, 화성에는 고리가 없어요. 이들은 태양과 가까워 고리를 이룰 수 있는 먼지 입자들이 흩어지기 쉽고, 위성의 수가 적어 고리 물질이 적고, 중력이 작아 고리 물질을 잡아 두기 어려워요. 그래서 지구형 행성에는 고리가 없어요.

반짝이는 건 **모두 별이야!**

다음 날
와!
와!
별똥별이다!
거짓말!
난 못 봤는데?
어! 또 봤다!
소원 빌었어?
하늘에
별들이
참 많다.
저게 다
별이라고
생각해요?
다 별은
아니지.
반짝이는 건
다 별
아냐?

별이 아님 뭐야?

달을 제외하고 밤하늘에 보이는 천체는 모두 반짝이는 별처럼 보여요. 그렇지만 행성은 별이 아니에요. 별이 아닌 천체도 있어요.

하늘에서 볼 수 있는 천체들은 모두 동쪽에서 떠서 서쪽으로 져요. 계절에 따라 달라지지만, 오리온자리의 모양은 언제나 변함이 없고, 큰곰자리에 있는 북두칠성의 7개 별도 모양이 변하지 않은 채 위치만 바뀔 뿐이에요.

그런데 며칠 동안 같은 시각에 밤하늘을 관측해 보면 별자리

사이에서 위치가 조금씩 바뀌는 별이 있다는 것을 알게 돼요. 이렇게 별 사이에 끊임없이 위치를 바꾸는 별은 **행성**이에요.

행성을 떠돌이별이라고도 하는데, 수성, 금성, 화성, 목성, 토성, 천왕성, 해왕성을 말해요. 지구도 태양계의 행성 중 하나예요. 행성이 아닌 별들은 항상 같은 계절 같은 위치에서 보여요. 그래서 **항성** 또는 붙박이별이라고 해요. 낮을 밝혀 주는 해 역시 항성 중의 하나예요. 붙박이별들의 위치는 서로 변하지 않기 때문에 별자리를 이룰 수 있어요.

별도, 행성도 아님 뭐?

밤하늘에서 반짝이는 것 중 항성들만 별이고, 나머지는 행성이에요. 이밖에 소행성, 유성, 혜성, 인공위성 등이 있는데 이들은 맨눈으로도 볼 수 있는 천체들이에요.

밤하늘에서는 약 76년마다 찾아오는 핼리 혜성처럼 **혜성**도 볼 수 있어요. 어떤 시기가 되면

주기적으로 볼 수 있는 유성, 즉 화성과 목성 사이의 궤도에는 수많은 **소행성**이 있어요. 그래서 이곳을 소행성대라고 해요.

가장 큰 소행성은 1801년에 발견된 세레스예요. 지름이 940 킬로미터로 달의 4분의 1 정도예요. 그다음으로 큰 소행성은 베스타로 1807년에 발견되었어요. 베스타는 가장 밝은 소행성으로 날씨가 맑으면 맨눈으로도 볼 수 있어요.

별똥별도 있어요. 국제 우주 정거장과 같은 인공위성도 볼 수 있고요. 이런 것들도 밤하늘에서 빛을 내서 별처럼 반짝이고 있어요.

목성형 행성은 다 물에 떠!

꾸벅
꾸벅
태양계를 정복하라!
음냐, 음냐!
전원, 공격!
지구형 행성
목성형 행성
덩치만 컸지
가벼운 것들!
쪼끄만 것들이
말이 많군!

둥둥~~
걔네들은 가스로 되어 있대.
그럼 목성 패거리들은 물에 둥둥 뜨겠네.
소곤 소곤~
우리 중에 물에 뜨는 애 있어?
수근~
아니!
그럴 리가 있나!
수근~
난 수영도 못 해!
가스로 되어 있는데 물에 안 뜬다고?
그러게 말이야.
너희 중 누구 하나는 거짓말을 하고 있어.
누구야? 물에 뜨는 애가?

행성을 물에 넣으면!

어떤 물체가 물보다 밀도가 크면 가라앉고 작으면 떠요. 물의 밀도는 1세제곱센티미터당 1그램 정도예요. 만약 어떤 **행성**의 **밀도**가 물의 밀도보다 작다면 그 행성도 물에 뜨겠지요?

행성의 밀도를 비교해 볼까요? 1세제곱센티미터당 수성은 약 5.4, 금성은 약 5.2, 지구는 5.5, 화성은 3.9, 목성은 1.3, 토성은 0.7, 천왕성은 1.3, 해왕성은 1.6그램이에요. 밀도는 지구가 가장 크고 토성이 가장 작아요.

토성의 밀도는 1세제곱센티미터당 0.7그램으로 물보다 작아요. 만약 토성 전체를 넣을 수 있는 수조가 있다면 토성은 물에 둥둥 뜰 거예요. 다른 행성은 1세제곱센티미터당 1.3~1.6그램 정도 되니까 물에 뜨지 않아요.

이것은 1세제곱센티미터당 몇 그램인지 따져 보았을 때, 즉 행성의 밀도만 보면 그렇다는 거예요. 행성 전체의 질량을 비교해 보면 목성과 토성은 지구보다 훨씬 커요.

둥둥~
얘들아! 나와 놀자~!
토성만 뜨네. 다 뜬다고 착각할 뻔!
난 무거워서 못 나가!

지구형이냐, **목성형**이냐!

태양계에는 8개의 행성이 있어요. '수, 금, 지, 화, 목, 토, 천, 해'라고 줄여서 부르기도 해요. 이것은 태양과 가까운 순서를 기준으로 나열한 거예요.

이 행성들은 무엇으로 이루어져 있느냐에 따라 두 가지 부류로 나눌 수 있어요. 지구와 같은 **지구형 행성**과 목성과 같은 **목성형 행성**으로 말이에요. 그런데 지구에서처럼 다른 행성에서도 걸을 수 있을까요?

지구형 행성은 지각이 단단한 고체로 되어 있어 지구에서와 마찬가지로 땅을 딛고 걸을 수 있어요. 하지만 목성형 행성에서는 걸을 수가 없어요. 겉면이 기체로 되어 있어 땅에서처럼 발을 디딜 수가 없거든요. 목성형 행성은 주로 수소, 헬륨, 메테인, 암모니아로 되어 있어서 구름 위를 걷는 것과 같아요. 겉면이 우리 몸을 받쳐 줄 만큼 단단하지 않으니 발이 푹푹 빠지고 말 거예요.

가장 밝은 별은 **북극성이야!**

lose
닉네임이 특이하네.
폴라리스는 뭐고,
시리우스는 뭐야?
기절할 뻔!
네가 말 시키는
바람에 졌잖아.
미안, 미안!
조심해라!
폴라리스라면 북극성이잖아.
북쪽 하늘에 있는 가장 밝은 별!
하나는 맞고 하나는 틀렸어!
엥?
왜?
밤하늘에서 가장 밝은
별은 바로 나야, 나!
???
??

더 밝은 별이 있다고?

북극성은 밤하늘에서 북쪽을 알려 주는 유명한 별이에요. 그래서 가장 밝은 별이라고 오해받기도 해요. 사실 밤하늘에서 가장 밝은 별은 큰개자리의 시리우스예요. 그렇다면 북극성은 시리우스 다음으로 밝은 별일까요? 밤하늘에서 가장 밝은 약 25개의 별을 1등성, 그다음으로 밝은 별을 2등성이라고 해요. **북극성**은 **2등성**에 속해요.

이렇듯 북극성은 가장 밝은 별이라서 유명한 것이 아니라, 밤하늘에서 방향을 알려 주는 기준이 되는 별이기 때문에 유명해요. 밤하늘의 별을 관측해 보면 해와 달처럼 많은 별이 동쪽에서 떠서 남쪽을 지나 서쪽으로 져요. 별이 뜨고 지는 모습을 보면 커다란 원을 그리는 것 같아요.

그런데 딱 한 개의 별만은 항상 같은 위치에서 움직이지 않아요. 바로 북극성이에요. 북극성은 지구의 자전축을 연장한 북쪽 하늘에 있어요. 우리가 북극에 있다면 북극성은 머리 위에 있어요. 적도에 있다면 북극성은 지평선에서 보여요.

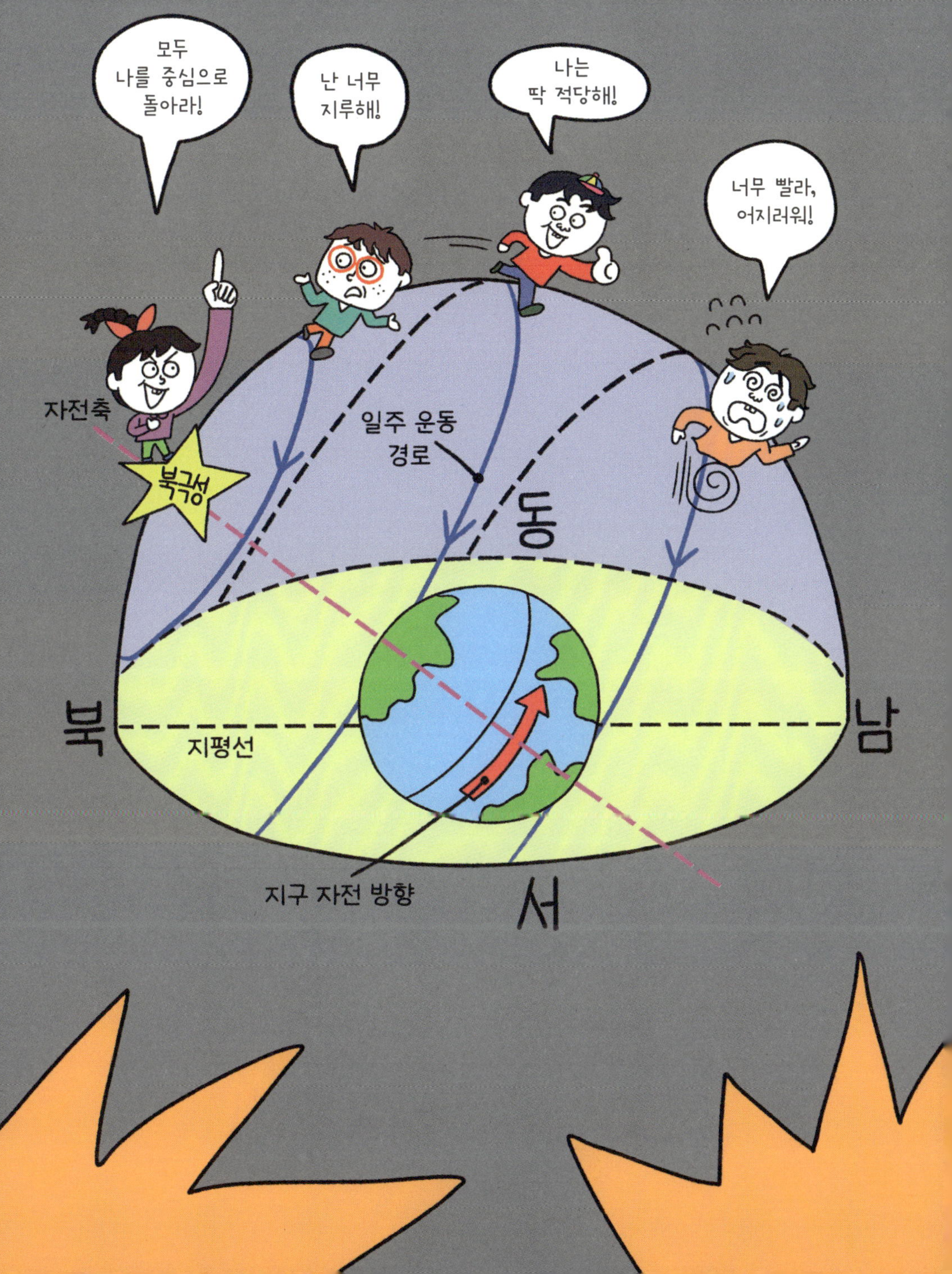
모두
나를 중심으로
돌아라!
난 너무
지루해!
나는
딱 적당해!
너무 빨라,
어지러워!
자전축
북극성
일주 운동
경로
동
북
지평선
남
지구 자전 방향
서

해가 완전히 지고 나면 밤하늘은 온통 크고 작은 별들로 가득 차요. 별은 크기도 다르고 밝기도 조금씩 달라요. 색깔도 붉은색부터 노란색, 흰색, 푸른색 등 다양해요.

별은 뜨고 지는 위치도 달라요. 북극성을 **중심**으로 모든 별이 원을 그리며 돌아요. 북극성과 가까이 있는 별들은 하늘에 높이 떠 있고, 밤이 새도록 지지 않아요. 이런 별들은 작은 원을 그려요. 북극성과 멀리 떨어진 별일수록 커다란 원을 그리며 돌아요.

북극성은 **방향**을 찾는 데 아주 중요한 길잡이 별이에요. 밤에 길을 잃으면 북극성만 찾으면 북쪽을 알 수 있어요. 북쪽을 알면 반대쪽은 남쪽이에요. 북쪽을 바라보고 있을 때 오른쪽은 동쪽이고 왼쪽은 서쪽이에요.

북극성은 영어로 폴라리스(Polaris)라고 해요. 이 이름은 북극이나 남극의 '극'을 뜻하는 라틴어 Polaris에서 유래했어요. 북극성은 북두칠성의 7개 별과 카시오페이아의 5개 별을 이용해 쉽게 찾을 수 있어요.

일식이나 월식이나 비슷해!

아, 고민이네. 뭘 먹지?

그냥 골고루 조금씩 먹어.

일식

한식

넌 한식이 좋아, 일식이 좋아?

난 월식! 킥킥!

킥킥!

지금 아재 개그 하냐?
한식 일식 월식? 딱 내 스타일이야. 써먹어야지.
일식 좋아하세요?
전 월식 좋아해요.
크크!
우리 아빠도 참!
누나는 둘 다 좋아하는구나. 하긴 일식이나 월식이나 비슷한 거니까.
키킥!
나는 일식도 좋고 월식도 좋아!
무지 너, 일식과 월식이 같은 거라고 생각해?
그게 아니었나?
?

일식은 **가리고** 월식은 **숨고**!

일식과 월식이 같은 원리로 일어난다고 생각하는 경우가 많아요. 하지만 그렇지 않아요. 일식은 달이 태양과 지구 사이에 있을 때, 달이 태양을 가려서 일어나요. 그래서 그믐날 낮에 일어나요. 월식은 지구가 태양과 달 사이에 있을 때, 태양빛을 가려 생긴 그림자 속으로 달이 들어가서 일어나요. 그래서 보름날 밤에 일어나요.

그렇다면 그믐날에는 항상 일식이 일어나고, 보름날에는 항상 월식이 일어날까요? 그렇지 않아요. 지구가 태양 주위를 공전하는 궤도가 그리는 가상의 평면을 **'지구의 공전면'**이라고 해요. 달이 지구 주위를 공전하는 궤도는 **'달의 공전면'**이에요. 각각의 공전면이 같은 평면에 있을 때 일식이나 월식이 일어나요. 공전면이 조금 어긋나 있어서 그믐날이나 보름날이 되어도 항상 일식이나 월식이 일어나는 것은 아니에요.

고대 그리스의 철학자이자 자연과학자 아리스토텔레스는 지구가 둥글다고 생각했어요. 당시 사람들은 지구가 평평하다고 생각했어요. 높은 곳에 올라가 멀리 보아도 땅이 평평하게 보였기 때문이에요. 그런데 아리스토텔레스는 월식을 관측하고 지구가 둥글다는 것을 알았어요.

지구가 평평하다면
달의 어두운 부분도
직선이 되어야겠지?
아리스토텔레스
아님 어쩔 뻔!

태양-달-지구 순서로 일직선이 되면 밤에 달이 보이지 않는 그믐, 음력으로 1일이에요. 태양-지구-달 순서로 일직선이 되면 보름달이 보여요. 음력으로 15일이에요. 태양, 지구, 달이 직각이 될 때는 음력으로 7일경 상현달이 뜨고, 23일경 하현달이 떠요. 상현달은 오른쪽 절반만 보이고, 하현달은 왼쪽 절반만 보이는 달이에요.

그믐날이나 보름날 태양, 지구, 달이 완전히 일직선이 되면 일식이나 월식이 일어나요. 태양-달-지구 순서로 일직선이 될 때 태양이 달에 가려지게 돼요. 그러면 태양의 일부 또는 전부가 보이지 않게 돼요. 이것을 **일식**이라고 해요

태양-지구-달 순서로 일직선이 되면 달이 지구의 그림자 속으로 들어갈 수 있어요. 그러면 달의 일부나 전부가 보이지 않게 돼요. 이것을 **월식**이라고 해요.

일식이 일어나는 원리

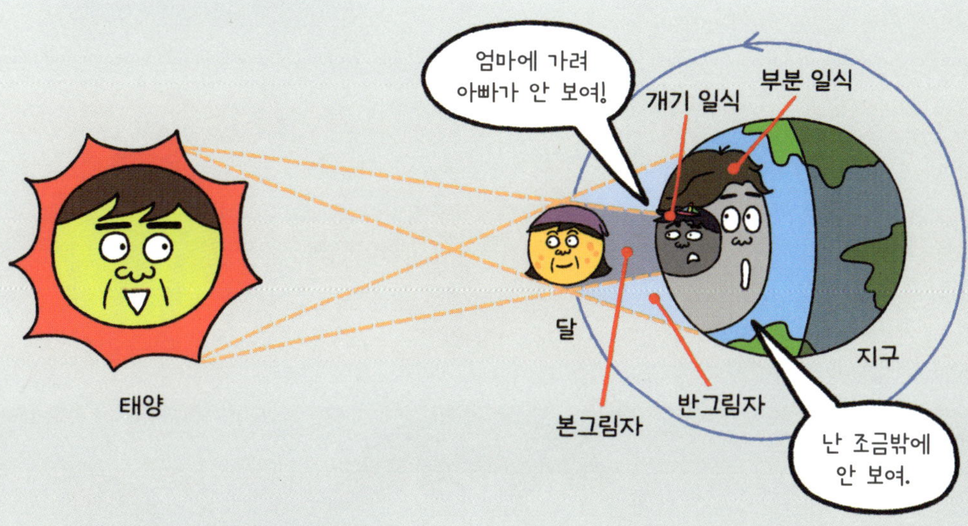

월식이 일어나는 원리

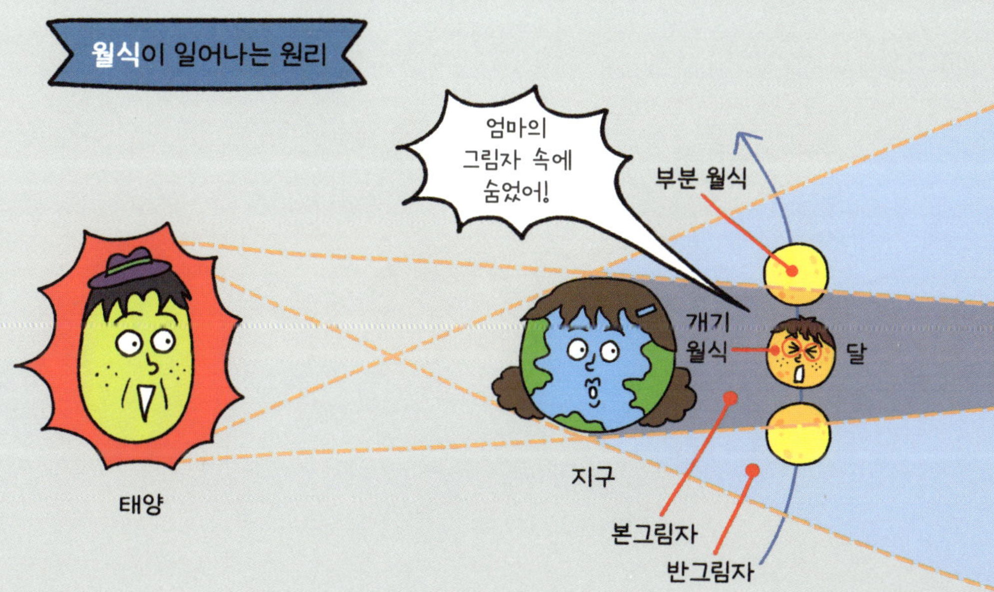

달의 뒷면, 본 적 있어?

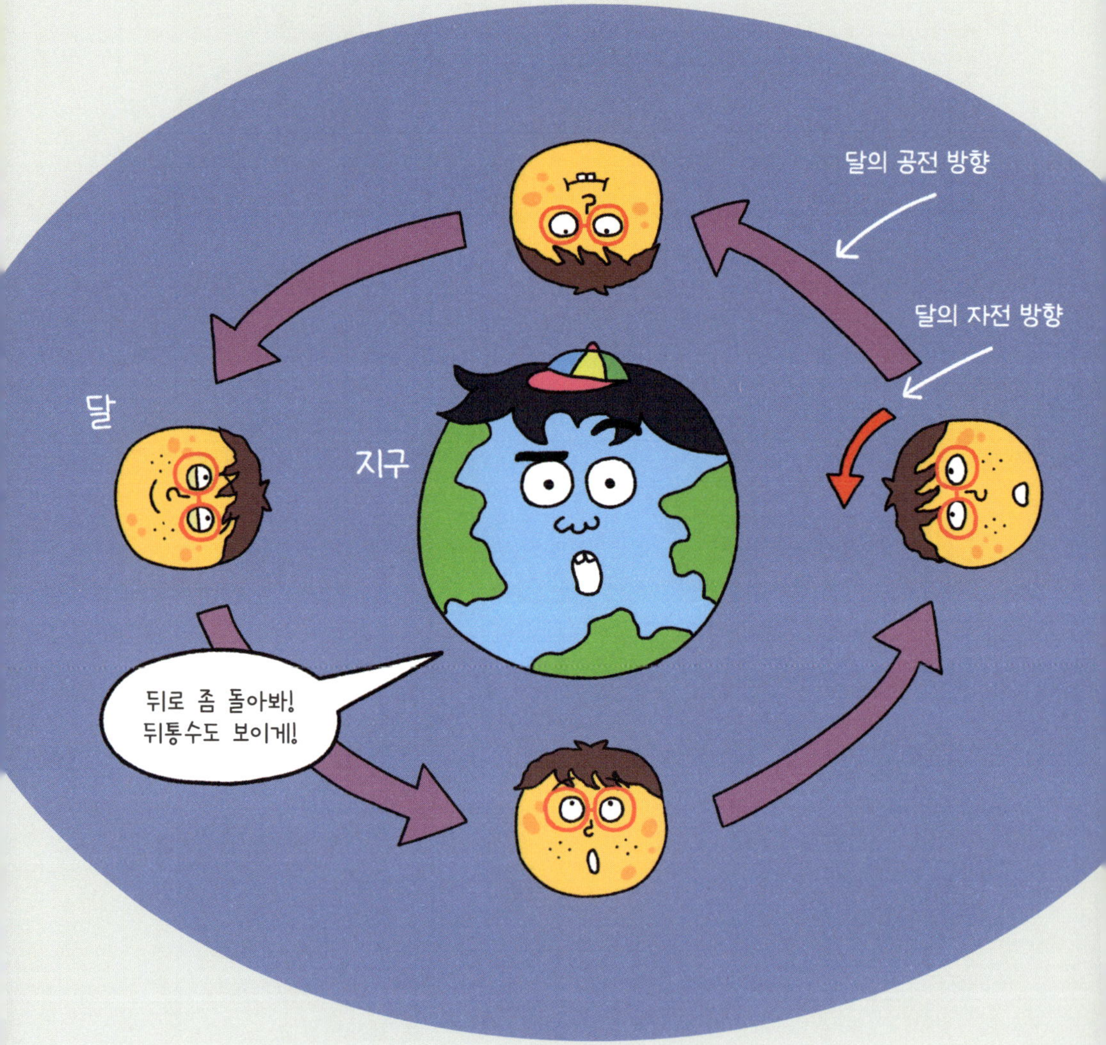

달은 지구의 유일한 위성으로 한 달에 한 바퀴씩 지구 주위를 공전해요. 달 역시 스스로 도는 자전을 하는데 특이하게도 **공전 주기**와 **자전 주기**가 같아요. 자전도 한 달에 한 바퀴씩 하는 거예요. 달이 지구 주위를 한 달에 한 바퀴 돌 때 스스로 한 바퀴 돌기 때문에 지구에서는 항상 달의 같은 면만 볼 수 있어요. 만약 달도 지구처럼 하루에 한 바퀴씩 자전하면 달의 모든 면을 볼 수 있는데 말이지요.

달의 뒷면은 지구에서는 절대 볼 수 없는 부분이에요. 그런데 1959년, 러시아(당시 소련)의 우주 탐사선 루나 3호가 달의 뒷면 사진을 촬영하는 데 성공했어요. 1968년, 미국의 달 탐사선 아폴로 8호의 우주인들은 달 주위를 돌면서 달의 뒷면을 맨눈으로 본 최초의 인류가 되었어요.

달의 뒷면에 처음으로 무인 우주선을 착륙시키는 데 성공한 나라는 중국이에요. 2019년, 달 탐사선 창어 4호가 달의 뒷면에 착륙했어요. 우리가 보는 달의 앞면은 '바다'라고 부르는 평평한 부분이 많지만, 뒷면은 바다보다는 충돌구가 더 많아요.

행성은 모두 위성이 있어!

리해야! 넌 동생이 있었으면 좋겠다고 생각한 적 없어?

동생보다는 너처럼 누나가 있었으면 좋겠어.

누나 있음 큰일날 뻔!

아유, 누나는 별로야!

나도 형은 별로야. 난 누나가 더 좋아.

남동생이 있으면 데리고 다니면서 잘 해줄 텐데.
누나가 있으면 참 좋을 텐데.
태양계 행성 만들기 실험
조물 조물~
난 행성의 동생들도 만들어야지.
행성들의 동생은 달과 같은 위성이지.
지구처럼 모든 행성에 위성이 있다고 생각하는 거야?

위성 부자, 토성!

지구처럼 태양 주위를 정해진 궤도를 따라 공전하는 천체를 **행성**이라고 해요. 태양과 가까운 순서로 수성, 금성, 지구, 화성, 목성, 토성, 천왕성, 해왕성이 있어요.

천문학자들의 관측과 연구로 행성의 **위성**들이 하나둘씩 발견되었어요. 그래서 사람들은 태양계 8개 행성에 모두 위성이 있다고 생각해요. 하지만 모든 행성에 위성이 있는 건 아니에요.

지구보다 안쪽 궤도에서 공전하는 행성인 수성과 금성에는 위성이 없어요. 태양의 중력이 강해 수성과 금성 둘레를 안정적으로 공전할 수 있는 위성이 만들어지지 않은 거예요.

지구에는 달이라는 위성이 있어요. 화성에는 포보스와 데이모스라는 위성이 2개 있고, 목성에는 갈릴레이가 발견한 가니메데, 칼리스토, 이오, 유로를 비롯하여 95개가 넘는 위성이 있어요.

토성에는 타이탄, 레아 등 274개가 넘는 위성이 있어 태양계 위성 부자라고 할 수 있어요. 천왕성에는 미란다, 아리엘 등 28개가 넘는 위성이 있고, 해왕성에는 트리톤, 프로테우스 등 16개의 위성이 있어요.

목성, 토성, 천왕성, 해왕성과 같은 목성형 행성에 위성이 많은 것은 태양으로부터 거리가 멀어서예요. 그만큼 태양의 중력보다는 행성의 중력에 더 큰 영향을 받는 거예요.

지구의 유일한 위성, 달!

행성의 위성은 대개 행성이 주변의 작은 물체들을 끌어당겨 만들어져요. 또 행성이 다른 천체와 충돌한 후, 떨어져 나간 작은 조각들이 행성 주위를 돌면서 위성이 되기도 해요.

지구의 **위성**인 달도 지구에서 분리되었다는 설과 지구가 다른 천체와 부딪쳐 만들어졌다는 설 등이 있어요. 달은 **행성**의 위성 중 다섯 번째로 큰데, 모행성의 크기와 비교하면 상대적으로 가장 큰 위성이에요.

지구는 달보다 지름은 약 4배, 부피는 약 49배, 질량은 약 81배 커요. 다른 위성의 몸집은 모행성에 비해 작은 반면, 달은 지구에 비해 그리 작지 않아서 지구에 미치는 영향이 커요. 밀물과 썰물이 일어나는 주요 원인도 달이 있기 때문이에요.

만약 달이 지구로부터 점점 멀어진다면 지구의 자전이 느려지게 돼요. 심지어는 지구가 자전을 멈출 수도 있어요. 그렇게 되면 계절의 변화가 달라지고 어떤 지역은 극심한 더위나 추위에 시달리는 등 대재앙이 올 수도 있어요. 달은 지구의 위성일 뿐만 아니라 기후에도 영향을 미치는 중요한 존재랍니다.

행성보다도 위성이 더 커?

태양계의 가장 큰 위성은 목성의 위성인 가니메데예요. 지름이 약 5,260킬로미터로 약 4,880킬로미터인 수성보다도 더 커요. 행성보다 큰 위성인 셈이에요.

두 번째로 큰 위성은 토성의 위성인 타이탄인데 지름이 약 5,150킬로미터로 역시 수성보다도 더 커요. 세 번째로 큰 위성은 목성의 위성인 칼리스토인데 지름이 약 4,820킬로미터로 수성보다는 조금 작아요. 네 번째로 큰 위성 역시 목성의 위성인 이오인데 지름이 약 3,640킬로미터예요. 그다음으로 큰 위성이 지름이 약 3,470킬로미터인 달이고요.

위성은 단순히 **행성** 주위를 공전하기만 하는 건 아니에요. 행성과 위성 사이에 서로 중력이 작용하여 행성이 태양 주위를 안정적으로 공전할 수 있는 균형을 만들어 주어요. 또 행성의 자전 속도도 안정적으로 유지해 주는 역할을 해요.

지구의 위성인 달은 지구의 바닷물에 영향을 미쳐요. 밀물과 썰물을 만들어 인간뿐만 아니라 수많은 생명체가 살아갈 수 있도록 도와주지요.

지구 크기에 비해
큰 편이지!
지구
달

목성
난 태양계에서
젤 큰 위성이야.
가니메데
칼리스토
이오
유로파

난 두 번째
큰 위성이라고!
토성
타이탄

별은 밝을수록 가까워!

트리 장식품 가게

멋있게 장식하고 전화해.

그래. 집이 마주 보고 있으니 베란다에서 보자.

아파트

아파트

완성~!

전구에 불을 켜 볼까?

좋아! 사진을 찍어
무지에게 보내자.
찰칵!
내 것보다는
못하지만, 괜찮네.
리해
오~
읏차!
탁-
너무 멀어서 그런지
전구의 빛이 잘 안 보인다.
그래도 반짝반짝
빛나는 것은 잘 보여!
가까이 봐야
밝게 잘 보일 것
같아. 밤하늘 별처럼
멀리 보니
너무 어두워.
밤하늘 별?
그런가?

별이 밝은 이유는 따로 있어!

지구에서 볼 때 가장 밝은 별은 무엇일까요? 정답은 태양이에요. 낮에는 태양 말고 다른 별들은 보이지도 않아요. 낮에도 별이 떠 있지만, 태양이 너무 밝아 별빛이 보이지 않는 거예요.

태양이 지고 어두워지면 그제야 별들이 보이기 시작해요. 그런데 별들은 태양의 크기에 비해 아주 작은 점처럼 보여요. 태양이 밝은 것은 거리가 가깝기 때문이고, 별들이 점처럼 작고 어둡게 보이는 것은 거리가 멀기 때문이에요. 그렇다면 밝은 별은 가까이 있고 어두운 별은 멀리 있는 걸까요?

별의 밝기는 거리만 보고는 알 수 없어요. 별의 밝기를 나타내는 방법은 **겉보기 등급**과 **절대 등급**이 있어요. 겉보기 등급은 우리가 보는 그대로의 밝은 정도를 나타내는 거예요. 절대 등급은 그 별이 가지고 있는 고유의 밝기예요.

하늘에서 가장 밝은 별인 태양의 겉보기 등급은 −26.8이고 절대 등급은 4.8이에요. 숫자 앞에 마이너스(−)가 붙은 것이 더 밝다는 뜻이에요. 태양은 겉보기 등급과 절대 등급의 차이가 커요. 실제로는 그렇게 밝지 않지만, 거리가 가까워 우리 눈에 보기에 밝아 보이는 거예요.

밝다고 다 가까운 건 아냐!

별의 밝기는 거리뿐만 아니라 별의 크기, 온도, 나이 등 여러 가지 요소가 합쳐진 거예요. 밝은 별이라고 해서 가까이 있는 것도 아니고, 가까이 있는 별이라고 밝은 것도 아니에요.

밤하늘에서 가장 밝은 별은 큰개자리의 시리우스예요. **겉보기 등급**은 약 −1.5이고 거리는 지구에서 8.6광년이에요. 1광년은 빛의 속도로 1년을 가는 거리인데 약 9조 4,600억 킬로미터예요. 8.6광년은 빛의 속도로 8.6년을 가는 거리지요.

두 번째는 용골자리의 카노푸스로 겉보기 등급은 약 −0.7이고 거리는 310광년이에요. 세 번째는 센타우루스자리의 알파 센타우리로 약 −0.27에 4.4광년이에요. 네 번째는 목동자리의 아르크투루스로 약 −0.05에 37광년이에요. 다섯 번째는 거문고자리의 베가로 약 0.03에 25광년이에요.

이 5개의 별을 절대 등급 순으로 보면 카노푸스(−5.7), 아르크투루스(−0.3), 베가(0.6), 시리우스(1.4), 알파 센타우리(4.4)예요. 카노푸스가 시리우스보다 **절대 등급**이 높은데도 시리우스가 더 밝게 보이는 건 거리가 가까워서예요. 한편 시리우스는 알파 센타우리보다 더 멀리 떨어져 있지만 더 밝게 보여요. 별이 더 밝게 빛난다고 해서 우리와 더 가까이 있는 건 아니랍니다.

스윽—

얘는 가까운데도
빛이 안 나네!
깜짝!
??

푸른 별이 붉은 별보다 차가워!

현장 학습이 끝나고…
ㅁㅁ휴게소
노을로 붉게 물든 바다도 멋지네.
그러게. 붉은 바다는 따뜻한 느낌이야.
또 색깔 이야기야?
스윽-
색깔만 달라도 느낌이 다르다는 게 신기해요.
그래서 푸른색 별이 차갑게 느껴지는구나!
엥? 별은 푸른색이 온도가 더 높다고 하던데?

적색이 낮고, 청색이 높아!

지구와 가장 가까운 별은 태양이에요. 태양과 같은 별은 내부의 수소들이 모여 헬륨으로 바뀌면서 에너지를 내요. 이것을 '수소 핵융합 반응'이라고 해요. 핵융합 반응으로 나오는 에너지가 빛과 열의 형태로 지구에 도달해 생명체를 살아가게 해요.

태양 표면은 섭씨 약 6,000도예요. 색깔은 주황색에 가까운 황색이고요. 별의 색깔은 적색이 섭씨 3,700도 이하로 가장 낮고, 청색이 섭씨 약 30,000도 이상으로 가장 높아요. 그 사이에 주황색 섭씨 5,200도, 황색 섭씨 6,000도, 황백색 섭씨 7,500도, 백색 섭씨 10,000도, 청백색 섭씨 30,000도까지예요.

같은 별이라도 **색깔**은 별의 일생에 따라 달라져요. 무거운 별은 내부에 수소가 많아서 핵융합 반응이 활발해요. 그래서 별이 태어난지 얼마 안 됐을 때는 온도가 높아 청색을 띠죠. 에너지를 빨리 내기 때문에 수명이 짧아요. 나이가 들면 적색으로 변해요. 가벼운 별은 내부에 수소가 적어서 핵융합 반응이 느려요. 그래서 온도가 높지 않아 황색 계열이에요. 에너지를 천천히 내기 때문에 수명은 길죠. 나이가 들수록 적색으로 변했다가, 핵융합 반응이 끝나면 백색이 되고 천천히 식어가요. 별도 생명이 있는 것처럼 태어나서 성장하고 죽어요.

누구 얘기지?
내 얘기?
청색
청백색
백색
황백색
황색
주황색
적색
높다
온도
낮다
적색보다 청색이
온도가 높아!
우리도 보라색 쪽이
에너지가 커!

초록색, 보라색 별은 없어?

밤하늘에 보이는 별들은 온도에 따라 색깔이 다양하지만, 초록색 별이나 보라색 별은 볼 수 없어요. 우리 눈에 보이는 빛은 **가시광선**이에요. 무지개 색처럼 빨강, 주황, 노랑, 초록, 파랑, 남색, 보라 등으로 보여요.

그런데 섭씨 5,000~6,000도의 온도를 가진 별들은 황색(노랑)으로 보이지만, 초록빛도 섞여 있어요. 우리 눈이 초록색을 명확히 구분하지 못하고 황색으로 보는 거예요. 그리고 별의 에너지가 굉장히 강해지면 보라색보다 더 강한 자외선 영역의 빛을 내뿜는데, 우리 눈은 자외선을 볼 수 없으니 보라색과 가까운 청색으로 보여요.

그러니까 별의 색깔은 표면의 온도와 에너지에 따라 달라지는

데, 명확한 색깔로 규정하기는 어려워요. 무지개 색도 딱히 일곱 가지 색으로 구분할 수 없는 것처럼 말이지요.

주변의 물질을 끌어당겨 별로 뭉칠 수 있는 힘은 중력이에요. 중력은 별 내부에서 수소 핵융합 반응이 일어나는 원천이기도 해요. 왕성하게 핵융합 반응을 하던 별도 수십 억 년이 지나면 연료인 수소가 줄어들면서 서서히 죽음을 맞이해요. 별이 죽을 때는 폭발을 일으켜 완전히 사라지기도 해요. 이것을 초신성 폭발이라고 해요. 이렇게 별이 사라져도 별을 이루던 물질들의 잔해가 다시 중력으로 모여 또 다른 별이 탄생해요. 별은 중력이 어마어마하게 커져 블랙홀이 되기도 해요. 블랙홀은 중력이 하도 커서 빛조차 들어가면 빠져나오지 못하는 천체예요.

별들을 이으면 **별자리가 돼!**

별똥별을 보고 소원을 빌어야지!
어? 별똥별이닷!
어디? 에이~! 못 봤다!
부럽…
꼭 이뤄주세요!
나만 봤네. 근데 저 별들은 W자처럼 생겼네.
그게 카시오페이아자리야. 별들을 이어 별자리를 만든 거지.
별자리가 단순히 별을 이어 만든 건 줄 아니?
그런 거 아니었어?
휙
별똥별이닷!
동생들 앞에서 그렇게 말해야겠어?

별자리 모양을 만들어 볼까?

별자리는 단순히 별과 별을 이은 것이 아니에요. 몇 개의 별을 포함한 일정한 구역을 뜻해요. 밤하늘에 떠 있는 수많은 별을 보면, 어떤 모양이 떠오르거나 별을 이어서 어떤 모양을 만들게 돼요. 파란 하늘에 하얀 구름이 둥실둥실 떠 있는 모습을 보아도 어떤 모양을 생각하게 되지요. 사람 얼굴, 솜사탕, 새, 토끼 모양처럼 말이에요. 어떤 의미 없는 물체를 보고 사람이나 동물의 형상을 떠올리는 것은 자연스러운 현상이에요.

아주 오랜 옛날 사람들이 밤하늘의 별들을 보고 사자, 백조, 게, 국자 같은 모양을 떠올린 것은 지금의 사람들과 마찬가지였어요. 그래서 **별자리**가 별들을 이어 어떤 모양을 만든 것이라고 알게 된 거예요.

별자리는 **구역**을 뜻하지만, 그 안에 있는 별을 이어 모양을 만들면 오래, 그리고 누구나 기억하기 쉬워요. 하늘 전체에는 88개의 별자리가 있어요. 그러니까 하늘을 88개의 구역으로 나눈 것이 별자리예요.

우리나라에서 볼 수 있는 별자리는 53개 정도예요. 별자리 하면 흔히 국자 모양을 한 북두칠성을 떠올리는데 북두칠성은 큰곰자리에 속하는 7개의 별이지 별자리는 아니에요.

내가 좋아하는
꽃게도 있네!
야,
저 별을 이으면
햄버거 같지 않냐?
헐! 별을 보고
먹을 거만 찾냐?
나처럼
예쁜 토끼를
찾으라고!
꿀꺽~

별자리는 내비게이션?

별자리는 지금으로부터 5,000여 년 전 바빌로니아 사람들이 만들었어요. 바빌로니아는 세계 4대 문명의 발상지인 메소포타미아 남쪽의 고대 왕국이에요. 메소포타미아는 지금으로 말하면 이라크 지역이에요.

이곳은 아시아와 유럽을 이어주는 지역이어서 정치, 경제, 사회, 문화 등이 발달했고, 동서양의 교역이 활발했던 곳이에요. 사람들의 왕래가 잦아 밤에도 **방향**을 잃지 않고 이동하기 위해 별자리를 이용했던 거예요.

이런 별자리가 세월이 지나면서 그리스·로마 신화와 연결되어 전해 내려오게 되었어요. 그래서 별과 별자리에는 신화와 전설이 담겨 있는 것이 많아요. 별자리는 하늘에 있는 지도, 달력, 시계와 같은 역할을 해요. 또 예술과 문학의 영감을 주기도 하고, 심지어 사람의 운명을 점치는 데도 이용해요.

내비게이션이 없었던 옛날, 별과 별자리는 육지나 바다 여행에서 없어서는 안 되는 길잡이였어요. 또 때에 따라 바뀌는 별자리로 **계절**을 알고, 별이 뜨고 지는 것을 보고 **시각**을 알았어요.

별자리마다 재미난 이야기

고대인들도 지금처럼 밤마다 별을 보았어요. 별끼리 이어 모양을 만들고 인간의 삶과 연결하여 의미를 부여하기도 했어요. 그러다 보니 자연스럽게 별과 별자리에는 인간과 신, 신화와 전설이 만들어지기 시작했어요.

겨울철의 대표적인 **별자리**는 오리온자리예요. 오리온은 그리스 신화에 나오는 뛰어난 사냥꾼 이름이에요. 바다의 신 포세이돈의 아들이었고, 달과 사냥의 여신 아르테미스와 사냥을 즐길 정도로 활과 화살을 아주 잘 다루었어요. 하지만 자기의 능력을 과신하며 모든 동물이나 괴물을 사냥할 수 있다고 떠벌렸어요. 그의 오만한 태도는 대지의 여신 가이아를 노하게 했어요. 이에 가이아는 오리온에게 거대한 전갈을 보냈고, 오리온은 전갈의 독침에 쏘여 죽었어요. 아르테미스는 위대한 사냥꾼의 죽음을 슬퍼하면서 별자리로 만들어 주었어요.

오리온자리뿐만 아니라 많은 별자리로부터 사랑, 이별, 탄생, 죽음 등 많은 **이야기**가 전해지고 있어요.

전갈의 독침 맛을
보여 주마!
오리온,
밤하늘을 보며
너를 기억할 거야!

겨울에는 겨울 별자리만 보여!

삼겹살
정말 맛있다.
컵라면이랑
먹어 봐, 오빠!
삼겹살
참 맛있네요.
소시지도 구울까요?
와, 별똥별이다.
소원 빌어!
오리온자리로
지나갔어.
역시 겨울엔
오리온자리야.
겨울이라 봄 별자리인
'사자자리'는 볼 수 없어서
아쉽네.
도희야,
그건 아니야!

겨울엔 겨울 별자리만 보여?

밤하늘은 언제나 같은 모습을 띠지 않아요. 계절이 바뀌면 하늘의 별자리도 달라져요. **계절별 별자리**는 그 계절 내내 밤하늘에서 볼 수 있는 별자리를 말해요. 오리온자리는 겨울의 대표적인 별자리예요. 겨울에 해가 지면 동쪽에서 뜨기 시작하여 자정(밤 12시)이 될 때까지 남쪽으로 이동하고, 새벽이 될 때까지 서쪽으로 이동해요. 겨울에 오리온자리는 저녁부터 새벽까지 밤새도록 볼 수 있어요.

봄철의 별자리는
이제 막 동쪽에서 떴어!

자정(밤 12시) 무렵 남쪽에서 보이는 별자리는 밤새도록 볼 수 있어 그 계절의 별자리가 될 수 있어요. 왼쪽인 동쪽 하늘에는 봄철의 별자리가 떠오르고 있고, 오른쪽인 서쪽 하늘에는 가을철의 별자리가 서서히 지고 있어요. 여름철 별자리는 이미 져서 볼 수 없어요.

지구가 하룻밤 내내 자전하기 때문에 밤하늘에서 세 계절의 별자리를 만날 수 있는 거예요. 초저녁에는 서쪽으로 지고 있는 지난 계절의 별자리가 보이고, 한밤중에는 지금 계절의 대표 별자리가 하늘 한가운데 나타나고, 새벽녘에는 동쪽에서 떠오르는 다음 계절의 별자리를 볼 수 있어요.

가을철 별자리인 나는
이제 곧 서쪽으로 져!

겨울철 자정에 나는
남쪽에 있어!

밤하늘의 거대 삼각형!

오리온자리 주변에는 큰개자리와 작은개자리가 있어요. 큰개자리의 시리우스는 밤하늘에서 가장 밝은 별이에요. 작은개자리 프로키온 역시 밝은 별로, 시리우스, 프로키온, 베텔게우스를 연결하면 삼각형이 되는데 이것을 **겨울의 대삼각형**이라고 해요. 대삼각형은 큰 삼각형이라는 뜻인데, 이웃한 별자리를 쉽게 찾기 위해 만든 거예요.

봄의 대삼각형(아르크투루스–스피카–데네볼라), 여름의 대삼각형(데네브–알타이르–베가), 가을의 대사각형(마르카브–쉬트–알게니브–알페라츠)도 있어요.

겨울철은 밝은 별을 많이 볼 수 있어 별자리 관측에 아주 좋아요. 오리온자리의 리겔, 큰개자리의 시리우스, 작은개자리의 프로키온, 쌍둥이자리의 폴룩스, 마차부자리의 카펠라, 황소자리의 알데바란을 이으면 '겨울철 대육각형'이 돼요. 겨울철 다이아몬드라고도 해요.

마차부 (카펠라)
쌍둥이 (플룩스)
황소 (알데바란)
오리온 (베텔게우스)
겨울의 대삼각형
작은개
(프로키온)
삼태성
(리겔)
큰개
(시리우스)
겨울에는
대삼각형을
볼 수 있지.
육각형도
그릴 수 있어.
봄, 여름, 가을의
대삼각형도 있대.

성단, 성운은 **별이 많은 거야!**

저 오리온자리
안에 성운이 보이지?
성운이면 별들이 많이
모여 있는 것인데,
잘 안 보여요.
저도
안 보여요.
그렇다면 밤하늘 전체를
볼 수 있는 천체투영관으로
가 보자.
아직도 성운이
별로 보이니?
와!
와! 역시 성운에는
별이 참 많네!

성단과 성운, 차이가 뭘까?

구름 한 점 없이 맑은 날 밤하늘에는 수많은 별이 보여요. 별들을 잘 관측해 보면 크기, 색깔, 반짝거리는 정도가 다양해요. 또 별들은 옹기종기 모여 있거나 듬성듬성 떨어져 있기도 해요.

여름철 밤하늘에는 강물이 흘러가는 듯한 긴 은하수도 보여요. 특히 어떤 부분에는 별들이 구름처럼 보이는 곳도 있어요. 이렇게 많은 별이 모여 있는 것을 우리는 흔히 **성단**이나 **성운**이라고 불러요.

하지만 이들 모두 별만으로 이루어져 있는 것은 아니에요. 그렇다면 어떤 차이가 있을까요? 먼저 성단은 별들의 집단이에요. 수많은 별이 거대한 중력으로 모여 있는 천체예요. 황소자리의 '플레이아데스성단'은 맨눈으로 볼 수 있는 성단으로 유명해요.

성운도 별들로 이루어져 있다고 생각하지만 그렇지 않아요. 성운은 별이 아닌 가스와 먼지의 집합체예요. 성운은 별이 아니어서 맨눈으로 보기 어렵지만, 겨울철의 대표적인 별자리인 오리온자리에 있는 오리온 대성운은 볼 수 있어요. 오리온자리 한가운데에 3개의 별이 일렬로 있는 삼태성 아래 구름처럼 보여 쉽게 찾을 수 있어요.

은하수는 별만 있는게 아냐!

여름 밤하늘을 올려다보면 '은빛 물이 흐르는 강'이라는 '은하수'를 볼 수 있어요. **은하수**는 우리가 살고 있는 우리 은하 중 지구에서 볼 수 있는 부분을 말해요. 우리 은하는 지름이 10만 광년이고 수천억 개의 별로 이루어져 있어요.

그리스 신화에서 헤라는 제우스의 아내예요. 제우스는 반신반인으로 태어난 아들 헤라클레스를 신으로 만들기 위해 몰래 헤라의 젖을 먹게 했어요. 헤라가 젖을 빠는 헤라클레스를 뿌리치자, 젖이 흘러 하늘로 흐르게 되었어요. 이것이 은하수 즉, Milky Way가 되었다는 신화가 있어요. 은하를 뜻하는 Galaxy도 그리스어로 '우유'를 뜻하는 고대 그리스어에서 유래했어요.

은하는 별뿐만 아니라 가스, 먼지 등의 물질이 중력에 의해서 모여 있는 거대한 집합체예요. 우주에는 수많은 은하가 있고, 이런 은하에는 수많은 별이 있어요. 또한 별에는 행성이 있고, 행성에는 위성이 있어요.

어느 별 어느 행성에는 생명체가 살지도 몰라요. 우리 은하의 태양이라는 별에 지구라는 행성에서 우리가 살고 있는 것처럼 말이에요.

누난
직녀고?
견우,
일 년 후에 봐요!
형이
견우?
직녀,
칠월칠석 날
만나요!

진짜 진짜 뻔뻔한 과학책

1판 1쇄 인쇄 2026년 2월 11일
1판 1쇄 발행 2026년 2월 21일

글 이억주 | **그림** 뿜작가 | **감수** 와이즈만 영재교육연구소
발행처 와이즈만 BOOKs | **발행인** 염만숙 | **출판사업본부장** 김현정 | **편집** 김예지 이지웅 이시온
기획·진행 CASA LIBRO | **디자인** 위드 | **마케팅** 강윤현 장하라 김희정

출판등록 1998년 7월 23일 제1998-000170 | **제조국** 대한민국
주소 서울특별시 서초구 남부순환로 2219 나노빌딩 5층
전화 마케팅 02-2033-8987 편집 02-2033-8928 | 팩스 02-3474-1411
전자우편 books@askwhy.co.kr | **홈페이지** mindalive.co.kr | **사용 연령** 8세 이상
ISBN 979-11-24355-19-0 77440

*표지 피플퍼스트, 본문 감탄로드탄탄체 글꼴 사용